我们一起解决问题

3秒下单文案

4步成交法则

涂一方◎著

人民邮电出版社

北　京

图书在版编目（CIP）数据

3秒下单文案：4步成交法则 / 涂一方著. -- 北京：人民邮电出版社，2025. -- ISBN 978-7-115-67903-1

Ⅰ．F713.36；H152.3

中国国家版本馆CIP数据核字第2025G4Q988号

内 容 提 要

在信息过载与内容同质化并行的新媒体时代，文案从业者正面临从基础写作向复合型创作的转型挑战。本书针对传统文案人成长路径模糊、方法论碎片化等行业痛点，系统梳理出覆盖职业全周期的进阶体系，将AI技术与文案创作深度结合，为从业者提供了可复制的跃迁路径。

本书以独创的"文案人六级晋升阶梯"为发展框架，系统性构建了包含复制力、情绪力、传播力、变现力的"文案四力模型"。全书通过100多个实战案例，完整呈现了从基础拆解仿写、用户心理洞察到商业价值转化的进阶路径。同时，作者结合DeepSeek等AI工具，介绍了如何高效借助智能技术辅助创作，进而全面提升写作效率与质量的方法和技巧。

本书适合文案从业者、营销从业者、自媒体创业者、企业品牌运营者等阅读、参考。

◆ 著　涂一方

　　责任编辑　王一帜

　　责任印制　彭志环

◆ 人民邮电出版社出版发行　　北京市丰台区成寿寺路11号

邮编 100164　电子邮件 315@ptpress.com.cn

网址 https://www.ptpress.com.cn

北京市艺辉印刷有限公司印刷

◆ 开本：880×1230　1/32

印张：10.5　　　　　　　　　2025年9月第1版

字数：260千字　　　　　　　2025年9月北京第1次印刷

定　价：59.80元

读者服务热线：（010）81055656　印装质量热线：（010）81055316

反盗版热线：（010）81055315

文案创作的天花板，就是你驾驭 AI 创作的天花板

2025 年，关于 DeepSeek 等人工智能技术将取代多少种人类职业成为社会热议话题。其中，商业文案撰写从业者被认为是最可能受到冲击的群体之一。

事实上，这一观点值得商榷。以 DeepSeek 为代表的智能对话系统，其核心算法在本质上是基于概率预测的文本生成机制。具体而言，开发人员首先对 AI 模型进行预训练，随后输入海量语料数据。AI 模型通过分析文本的上下文关联结构，计算特定语境下不同词汇的出现概率，最终选择出现概率最高的词汇组合生成回答。

尽管这类人工智能系统能够生成令人惊叹的答案，但需要明确的是，其本质上并不具备真正的理解能力。真正"有心"的是人类对答案的解读与诠释过程。

涂一方的商业文案，贵在"有心"。

有心的文案，能够突破格式束缚而直击灵魂；有心的文案，能够超越规则框架而引发共鸣；有心的文案，能够跨越表达层面而促成行动；有心的文案，能够褪去伪装而传递温暖……

如今，一方老师愿以一本书的形式，将自己多年积累的商业文案创作心得毫无保留地呈现给读者。能够读到这本书的文案人，无疑是幸运的。

本书以商业文案创作的底层逻辑为主线，构建了"文案人六级晋升阶梯模型"。一方老师从新手入门、能力进阶到成为高手的文案人完整成长路径出发，围绕"复制力、情绪力、传播力、变现力"四大维度，结合系统化的方法论与100多个一线实战案例，循序渐进地解析文案人的职业进阶之道。

阅读本书，如同聆听作者亲授，将抽象文字转化为生动场景，充分展现了作者深厚的文案创作功力。若你渴望掌握撰写"有心"商业文案的精髓，这本书将是你不可错过的选择。

正如诺贝尔文学奖得主、英国作家鲁德亚德·吉卜林在评价竞争对手时所言："他们可以模仿我的文字，却永远无法复制我的思想。"希望大家阅读本书后，能够掌握商业文案创作的精髓与方法，学会用文字准确表达独特见解。在我看来，即便是再强大的AI，也难以取代具备这种"心"能力的文案人。

文案创作的天花板，决定了你驾驭 AI 工具的上限。

愿你开卷有益，创作出让 AI 望尘莫及的优秀商业文案！

董坤

深圳市大客创新咨询首席战略专家

畅销书《战略思维》《盲点扫描》作者

从商业到心灵，
用共情力打通文案的任督二脉

在这个信息爆炸的时代，优秀的商业文案不仅是文字的艺术，更是对行业趋势、竞争格局、品牌优势及人性需求的深刻洞察。前者仅是"画龙点睛"之技，后者方为"点石成金"之道。在我接触过的商业文案导师中，一方老师是真正深谙商业本质的专家，她的专业视野与能力早已超越了单纯的文案创作。这本书正是她将商业洞察与创意表达完美融合的集大成之作。

正如《商业三性》所述：商业在本质上是一场认知博弈，因为人类的决策依据往往是认知而非事实，而塑造认知的关键工具正是文案。一方老师提出的"文案力"理论，堪称企业与营销人员构建消费者认知的无价之宝。

任何商业活动都可解构为三个层级：底层是商业共性规律，中层是行业特性法则，上层是企业个性特征，这就是"商业三性"理论框架。该理论为企业提供了系统性的思考路径——基于自身特质（企业个性），遵循商业普遍规律（商业共性）和行业特定规则（行业特性），实现对问题的全面诊断与系统解决。凭借对"商业三性"的深刻理解，一方老师成功将卓越的商业洞察力与出色的文案创作能力相结合，为众多企业进行了专业赋能。

　　无论你是初涉文案领域的新人，还是经验丰富的从业者，这本书都将为你开启全新的专业视野，助你深入理解文案创作的核心价值与商业影响力。

唐永明
《商业三性》作者
万达集团、长隆集团、奥美前高管

文案是品牌的表达，是营销的执行

　　无论是企业还是个人，往往高度重视品牌建设与营销推广，却普遍忽视文案的价值。文案的本质在于传递品牌核心价值，落实营销战略，并将每一个营销策略转化为具体的表现形式。遗憾的是，多数人仅将文案视为文字修饰的技巧，而忽略了其背后严谨的商业逻辑体系。

　　随着时代演进，营销战术持续更迭——从传统电视广告、报刊，到新媒体图文、短视频、直播及社交媒体传播，媒介形态的迭代推动着文案表现形式发生根本性变革。若文案人仅停留在文字技巧层面，而未能构建深层的品牌营销思维体系，终将在行业变革浪潮中被淘汰。值得庆幸的是，涂一方的文案体系突破了传统文字技巧的局限。

　　本书以营销理论为基础，以商业逻辑为框架，致力于为广大营销人员提供系统化的文案创作指导。作为一本兼具理论深度与实践价值的专业著作，本书不仅详细解析营销文案的创作方法，更深入探讨了营销思维的本质。全书采用深入浅出的阐述方式，系统性地呈现了文案创作的核心原理、实用技巧与科学方法。在内容架构方面，本书首先构建了文案人的六级晋升阶梯模型，帮助读者建立清晰的职业发展认知。随后，本书通过对目标受众定位、消费者心理分析、产品卖点提炼、传播策略设计等关键环节的详细解读，完整呈现了优秀营销文案创作的必备要素与实施路径。

本书还收录了100多个精选实战案例，这些案例横跨多个行业领域，覆盖多样化产品类型及应用场景，既包含经典的案例，也涵盖创新性范例。通过系统的案例解析，读者能够深入掌握文案创作的核心技巧与关键要素，有效提升实际工作中的文案应用能力。

本书不仅系统传授文案创作技巧与方法，更着重强调情感共鸣的核心价值。一方老师明确指出，优秀的文案应当超越产品卖点的简单传达，深入触动消费者情感，与消费者建立深层心理联结。这种情感驱动的传播效果，往往比单纯的功能性诉求更具持久影响力。

本书不仅提供了实用的文案写作技巧和方法，更传递了深刻的商业营销理念。

赵进

滴滴出行前战略总监

惠而浦首席战略官、品牌市场总监

文案写作，改变人生的魔法

当"躺平文化"在互联网时代盛行时，你是否也产生过共鸣？

正如狄更斯所言，这是最坏的时代，也是最好的时代。其优势在于，互联网为我们构建了四通八达的虚拟通路。如果我们能掌握写作这项技能，人生将如同被施予魔法般焕发无限可能。

这种"魔法"的魅力在于：不受学历、年龄或地域的限制，只要你能让文字被看见，神奇的反应就会发生。

不久前，一位朋友告诉我，她发了一条朋友圈就赚了15 000元。事情是这样的：那天她吃了一个甜甜圈，拍下照片并配文"世界很苦，幸好你是甜甜圈"。后来有商家看中这句话，买下它并用作了广告语。

这条仅11字的文案创造了15 000元的收入，单字价格突破千元，真正实现了"一字千金"的商业价值。优秀的文案创作能力不仅能带来直接的经济收益，更能为创作者开启更多发展机遇。这种文字变现的"魔法效应"，正在重塑内容创作者的财富增长路径。

文案写作改变了我的职业轨迹。时至今日，我仍时常感慨：幸好掌握了这项技能，让我得以乘上时代的东风，更希望有更多的人用文字的力量改写自己的人生。

我很高兴见证一方一步步的蜕变——从学习时不断传来的好消息，到如今带领更多人改变自己。这让我真切感受到文字的力量。我相信，会有越来越多的人通过文案写作，活出自己想要的人生。

这本书涵盖了文案写作的多个方面，从文案人的能力到基本的文案写作技巧，再到后续的变现能力的培养都有涉及。相信学习文案写作、探索内容变现路径的读者读完本书后必将有所启发。

如果人生必须掌握一项技能，我推荐你选择文案写作。这不仅是一项高回报的能力，更是一个极具现实意义的选择。随着深入学习，你会发现：文案创作既是一门可系统掌握的科学，又是一门需要融入生活感悟的艺术——在严谨的方法论基础上，注入个人独特视角，进而引发广泛共鸣。

欢迎走进文案创作的精彩世界，在这里，你将开启全新的人生。

叶小鱼

《文案变现》《新媒体文案创作与传播》作者

500 强企业特聘文案讲师

文案力 = 营销顶层设计 + 传播底层逻辑 + 可复制模型

很多文案同行说："一方是文案界的印钞机。"在我看来，拥有了以**营销顶层设计、传播底层逻辑和可复制模型**为核心的文案力，变现自然水到渠成。

一、打通营销顶层设计，文案照亮了我的生命

进入文案行业的第一年，我成功签约荔枝微课、喜马拉雅等百万级头部知识平台，同期出任商业公众号"良大"（粉丝量 50 万）所属公司的文案总监；次年受富兰克林读书俱乐部等知名平台邀请开设文案课程；第三年晋升为百万粉丝级商业领域头部"大 V"账号主编；第四年主导实施与中国平安、恒生银行、红牛、好爸爸洗衣液、瑞典高端护肤品牌 VERSO、网易云音乐等企业的品牌合作，并参与《梦想改造家》《五十公里桃花坞》等综艺节目的整合营销；第五年转型品牌营销咨询师，专注助力中国传统企业完成社交媒体时代的数字化营销转型。

在过去的五年里，无论是在我的个人成长，还是在带领超

过两万名文案人共同进步的过程中，我发现一个普遍现象：许多文案新人尽管学习了大量课程、阅读了众多图书，却依然难以写出优秀的文案。不少拥有六年、八年，甚至十年科班经验的资深文案人，通过我的指导，对文案的思考更加深入，最终获得了远超以往的回报。

为什么我在文案行业的成长速度能一年抵五年？为什么我能从兼职撰稿人转型为企业咨询顾问？许多人认为这源于天赋，但我经过深入思考，发现事实并非如此——我的成功并没有捷径，而是掌握系统方法与进行持续训练的结果。为此，我总结了支撑自己快速成长的三个关键点。

第一点，我们不仅要关注文案的表层技巧，还要洞察其传播的底层逻辑。多数文案人往往将重点放在文字技巧上，但本质上，文案承载着三大核心功能：品牌价值的具象呈现、传播策略的落地执行及商业目标的有效达成。

第二点，我们不能只"懂"商业逻辑，而是要躬身入局。在进入文案行业前，我曾多次创业：从事中英双语同声传译工作、运营服装跨境电商业务、参与全球200余家迪奥门店的视觉形象设计；在新媒体行业深耕五年后，又创立了普拉提健身工作室。我从这些一线商业实践活动中所形成的认知体系，最终都内化为我的文案方法论。

第三点，持续突破专业边界是成长的关键。我之所以能够指导许多资深文案人，正是源于对舒适区陷阱的清醒认知——当多数从业者在既有模式中重复积累时，我始终保持着每年都要突破专业上限的成长节奏。过去五年间，我持续完成了自身认知框架的系统性迭代。

当前文案人普遍具备良好的文学素养，却缺乏系统的营销思维与商业认知。本书通过推广"文案四力模型"，帮助文案人建立营销思维框架、拓展职业发展路径（包括副业变现、职位晋升及自媒体创业），助力更多文字爱好者实现职业转型。

本书系统覆盖了文案创作的全场景：从社交媒体文案（朋友圈、短视频）到商业推广文案（软文种草、硬广转化），从基础写作素养到商业订单写作技巧。本书基于独创的理论体系，从方法论出发，提供可落地的文案变现解决方案。作为一本兼顾理论基础与实践指导的专业著作，本书既适合文案、运营、产品及销售从业者系统学习，也可作为高等院校、培训机构及企业内训的教材。

二、遇见文案的黄金时代，看清传播的底层逻辑

互联网社交媒体的持续繁荣，为当代文案人创造了前所未有的价值空间。这一发展趋势预计至少在未来十年内会继续保持下去。2018 年年末，抱着尝试的心态，我首次向公众号平

台投稿。我至今仍清晰记得创作首篇稿件的情景: 历经多次修改直至深夜, 仅休息两个小时后, 于凌晨四点继续完善稿件。出乎意料的是, 这篇稿件最终被粉丝量逾千万的行业头部公众号采纳, 我获得了数千元稿酬。这次经历使我深刻认识到, 在数字化传播时代, 优质文案内容具有显著的市场价值。

在初尝成功喜悦后, 我与多数新人一样, 对职业发展方向产生了困惑。我经历了两个月的创作低谷期, 甚至开始质疑自身的写作天赋——这种负面情绪让我陷入了恶性循环: 自我怀疑导致创作阻滞, 而创作不顺又加剧自我否定。直到我将过往创业积累的用户洞察方法论迁移至文案创作, 才实现了首次专业突破。这一转折让我深刻认识到, 优秀文案的本质是品牌营销, 而品牌营销的终极价值在于商业转化。

2019 年全年, 我保持着凌晨四点开始创作、持续工作至日暮的写作节奏。这一年我累计完成了文案作品 180 余篇, 这相当于多数文案人三年的工作量, 其中单月最高产出达 24 篇。令我记忆犹新的是, 曾为某甲方项目反复修改 12 稿方获认可, 也有 7 次修改仍未过稿的经历。现在回想起来, 或许这就是文案人成长的必经之路。同时, 我陆续收到多家知识平台的课程合作邀请, 个人发展模式实现从加法到乘法的升级。2019 年 6 月, 我首次与富兰克林读书俱乐部达成合作; 同年 10 月应学员需求, 正式推出 1 对 1 私教服务。2020 年在担任深圳市瀚维咨询有限公司（以下简称"瀚维咨询"）文案总监期间，我独立研发并运营"28天精品文案训练营"。这一时期，我清晰见证了文案行业的黄金发展期——学员们运用我的文案方法论取得显著成果：有学员成功与沃尔玛等世界500强企业达成合作；有学员通过文案思维实现商业合作的重大突破；有十年人事从业者转型品牌策划后，立即主导了多个全案项目；更有学员将用户思维应用于职场与家庭，既获得了晋升机会，又改善了亲密关系。

传播的底层逻辑，本质上是一套商业逻辑，包括用户画像、用户思维、弱传播理论、超级卖点、人性、情绪等因素。

三、80多套可复制模型 +100多个实战案例

2021年，我在S商学院平台推出"个人品牌故事课"，并受邀在唯库等知名知识付费平台开设"爆款吸金文案"课程。同年，我创立"文案钞能力年度社群"，并在五年间对文案方法论体系进行六次迭代升级，持续优化可复制的商业文案模型。截至目前，已有超过两万名学员通过该体系实现商业文案能力的提升。

本书不只包含文案创作的"干货"，同时融合了商业市场的变现法则。作为文案变现领域的实践者，我总结出九大变现路径，并提出"从加法到乘法"的效能升级策略。全书将80

多套可复制的商业模型与 100 多个一线实战案例相结合，其中还包含具有借鉴意义的典型错误案例分析。相信每位文案人都能从本书中找到自己的影子。

本书梳理了文案人的六级晋升阶梯、文案创作的四力模型、文案创作的内核。首先，我将文案人的晋升路径划分为六个阶段，分别是新人期、上升期、平台期、顿悟期、革新期和通关期；其次，基于 100 多个实战案例分析，提出文案创作的四力模型框架，分别从复制力、情绪力、传播力和变现力四个维度展开论述。最后，提炼出文案创作的核心方法论，并创新性地引入 AI 技术应用方案，系统阐述提升文案创作效率的底层逻辑。本书旨在帮助文案人精准定位自身优势，系统掌握创作方法，有效实现用户注意力捕获、期望值管理和信任建立等关键目标。

目录

1

第六章

文案写作的内核审视与 AI 助攻提效 / 241

第一章

文案人六级晋升阶梯与文案四力模型

"文案人六级晋升阶梯"构建了一套清晰的职业发展框架，直观指导文案人的技能提升、商业变现、资源整合及职业路径规划。

在过去的几十年里，文案人的职业成长一般都比较缓慢。我在工作中发现，许多文案人仅将文案视为变现工具，却缺乏对商业模式和商业逻辑的基本认知，这种将手段误作目的的现象十分普遍。随着互联网社交媒体的迅猛发展，文案的商业价值日益凸显，其重要性也逐渐被市场广泛认可。

在从业新人成长为专业文案工作者的五年间，我通过持续实践、系统归纳与经验总结，发现了文案人职业发展的共性规律。我将自己的经验与发现系统化为"文案人六级晋升阶梯模型"（见图1-1）。该模型为文案人提供了清晰的成长路径，帮助他们在不同发展阶段实现自身价值。

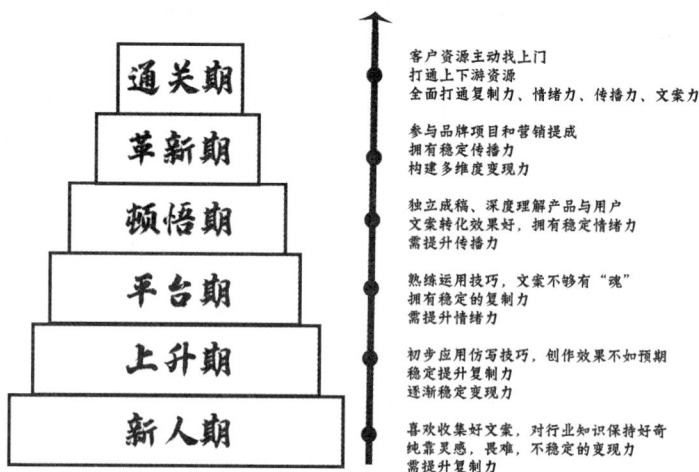

图 1-1　文案人六级晋升阶梯模型

▌ 第一节　文案人六级晋升阶梯

为什么我们需要建立"文案人六级晋升阶梯"？

这一体系能为文案人带来哪些价值？

首先，"文案人六级晋升阶梯"能够帮助文案人清晰地认知自身能力水平、职业定位及价值产出。每一级的晋升都对应着更高的能力要求和更强的商业变现能力。无论处于哪个职业发展阶段，文案人都可以通过这个体系明确自己的当前位置，了解下一阶段的发展目标，以及为实现晋升所需提升的具体技能。

其次，"文案人六级晋升阶梯"清晰界定了文案人在每个层级所需具备的四大核心能力——复制力、情绪力、传播力和变现力。文案人不仅要掌握这四项能力，还需明确自身的职业发展路径，只有这样才能更高效地实现进阶。企业中不同岗位的目标不同，文案人的职业目标也各有侧重：有人希望成为新媒体文案总监，有人则倾向成为文案培训师或企业文案咨询师。尽管职业发展方向看似不同，但当能力达到一定高度后，这些职位之间往往具备互通性。"文案人六级晋升阶梯"与"文案四力模型"的关系如图 1-2 所示。

最后，"文案人六级晋升阶梯"构建了一个清晰的职业发展框架，为文案人在技能提升、商业变现、资源整合及职业规划等方面提供了明确指引。然而，现实中许多标榜"5 年经验"或"8 年经验"的文案人，往往长期停留在某一层级，未能实现能力突破与职业跃升。

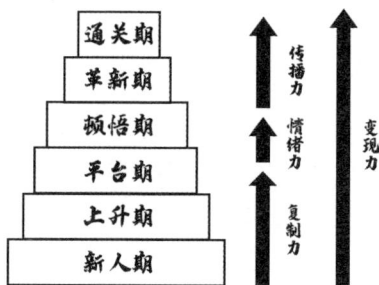

图1-2 "文案人六级晋升阶梯"与"文案四力模型"的关系

　　文案人在不同成长阶段需要重点提升的核心能力各有侧重:复制力支撑文案人完成从新人期到上升期再到平台期的过渡;情绪力助力文案人突破平台期进入顿悟期;传播力则推动文案人从顿悟期迈向革新期,最终达到通关期。值得注意的是,变现力作为基础能力贯穿整个六级晋升阶梯,其实现路径随层级提升而拓展,变现模式也由简单的加法模式逐步升级为更具效率的乘法模式。这一发展路径中的每个阶段都是文案人职业成长的必经环节,且每个进阶过程都具备明确的能力提升标准。

一、新人期

　　处于新人期的文案人热衷于收集优质文案范例和精彩语句,对行业知识保持强烈的好奇心与求知欲。在这一阶段,文案人在观摩优秀文案作品时往往会产生钦佩之情,对同行的创意表达感到惊叹;而在自主创作时则常面临灵感匮乏、无从下笔的困境。当看到同行成功承接商业项目时,容易产生自我怀疑的畏难心理，对自身能力缺乏足够信心。

二、上升期

处于上升期的文案人，在创作过程中已能主动运用文案技巧，初步掌握仿写方法，具备基础的文案复制能力，并能按照规范流程完成框架完整的文案创作。在此阶段，文案人能够清晰识别他人文案中的写作技巧，自身创作时也常感"文思泉涌，得心应手"，但实际产出效果往往与预期存在差距。这主要是因为处于上升期的文案人的能力正处于快速成长期，尚未达到稳定水平。通常完成 10~20 篇文案的创作，进行有针对性的实践训练后，文案人即可进入稳定输出阶段，此时距离承接商业文案项目已为期不远。

三、平台期

处于平台期的文案人，已能熟练运用各类技巧进行文案创作，过稿率稳定在 70% 左右。这一阶段的文案人在阅读优质文案时，能够敏锐识别其亮点，并关注行文细节的衔接处理，同时具备自主拆解和针对性学习的能力。此时的文案人已经过了"熟能生巧"阶段，掌握了基本方法、模板和套路，清楚"应该怎么做"，但对"为什么这样做更有效"仍缺乏深入理解。他们往往会感到困惑：为什么别人的写作速度更快？为什么别人的稿费更高？

四、顿悟期

处于顿悟期的文案人，其专业严谨性显著提升，能够突破程式化框架的束缚，深入洞察目标用户需求，精准提炼产品核心卖点，所创作的文案销售转化效果较好。在此阶段的文案人，能够透过优质文案清晰识别其对应的目标用户画像，并理解每一句文案所服务的具体受众群体。其创作流程通常包含完整的产品调研和用户画像分析环节，而非急于执笔行文。唯有深刻理解文案背后的底层逻辑，文案人才能真正创作出打动受众的优秀文案。

处于顿悟期的文案人，通常能够快速识别他人文案中的不足之处，既具备独立完成高质量文案的能力，又能为他人提供专业的优化建议。这一阶段的文案人已形成敏锐的文案鉴赏力，能够准确辨别优秀文案与普通文案之间的本质差异。

五、革新期

进入革新期的文案人的作品已具备显著的传播影响力。这一阶段的文案人不再单纯依赖稿件创作获取收益，而是更加注重文案的实际销售转化效果与品牌传播价值，开始深度参与品牌全案策划并获取销售分成。此时的文案人已形成独特的文案创作方法论，具备了开发专业课程的知识输出能力。他们不再盲目崇拜行业"高手"，而是专注于自身专业体系的持续完善与实践创新。

六、通关期

进入通关期的文案人已系统掌握文案创作的核心能力体系。这一阶段的文案人，能够有效整合行业上下游资源，其专业价值已获得市场认可，不仅能够持续吸引优质甲方客户主动寻求合作，更具备培养行业新人的教学资质。

"文案人六级晋升阶梯"的各阶段都具有鲜明特征：新人期至上升期需重点提升复制力；平台期至顿悟期需突破性强化情绪力；顿悟期至革新期、通关期则需着力发展传播力，在构建文案体系的同时整合企业端、客户端等资源；变现力作为核心能力，贯穿于"文案人六级晋升阶梯"的全过程。

第二节　突破文案创作瓶颈的三大关键期

在"文案人六级晋升阶梯"中，不同阶段的突破方式各有侧重：部分阶段可通过刻意练习实现提升，而某些关键阶段则需专业指导方能突破。本节重点解析三个关键瓶颈期——新人期、平台期与革新期。若缺乏系统学习，文案人可能长期滞留在新人期，仅能感知文案优劣却不明其所以然，更难以掌握创作方法；若无专业点拨，平台期的文案人往往陷入"勤能补拙"的循环，难以实现质的飞跃；若止步于革新期，仅依赖他人技巧与理论而无法形成原创方法论，则始终难以跨越从写手到作家的关键距离。

文案人如何突破新人期、平台期和革新期这三大成长瓶颈呢？

一、新人期

很多人误以为，只要掌握了文案技巧，就能顺利度过新人期。但在实际教学中，我发现心法比技法更为重要。在我的学员中，有不少专业背景优秀的文案人。其中不乏拥有广告学、新闻学或传播学等专业学历背景者，尽管已从事文案工作多年，却依然难以创作出令人满意的作品。这类文案人往往只注重技法训练而忽视了心法修炼，只有表层技巧而缺乏底层逻辑支撑。他们的稿件能否被采用常常取决于运气，有时即使修改数十遍仍难以达到理想的效果。

在工作过程中，我发现处于新人期的文案人往往会面临三层障碍。只要能够突破这三层障碍，他们就能快速实现专业能力的进阶。

（一）第一层障碍：文笔与灵感

许多人认为，优秀的文案创作必须依赖出色的文笔和灵感，这其实是文字创作领域最大的认知误区。事实上，文案的核心在于底层逻辑，而非文笔本身。我见过不少文笔精湛的人在各大平台创作出辞藻华美的文章，但其作品的点赞量、评论互动、粉丝增长及销售转化等关键数据却表现平平。这就像一棵树的生长规律——底层逻辑是支撑整棵树的主干，而文笔不过是枝干上的叶片。文笔优美固然能让枝叶繁茂、赏心悦目，但决定树木存亡的关键，始终是底层逻辑构建的坚实主干。

当文案创作缺乏灵感时，我们应当意识到：日常的文案写作其实尚未达到需要依赖灵感的阶段。文案的底层逻辑犹如一枚造价上亿元的导弹——其关键不在于炸药成本（这部分几乎可以忽略不计），而在于能否精准命中目标。同理，撰写一两千字的文案内容并非难事，关键在于这些文字能否准确击中用户心智。那些看似灵光乍现的创作瞬间，本质上都源于你读过的书，看过的电影，经历过的人生，最终它们成了你笔下的文字。

（二）第二层障碍：专业感

许多文案人在接到陌生领域的文案需求时，容易陷入一种误区——试图通过堆砌看似高深的专业术语来营造专业感，以此掩盖自身对行业认知的不足。这种做法非但不能提升文案质量，反而会形成创作障碍。

高风压，干得快！

传统的高温"烧烤"，头发表面干了，但是头皮干得慢。

直白吹风机采用 10 万转数码马达，2 倍增压技术，能输出更高速的气流，让气流拨开厚重的湿发，轻松吹到每一根发丝，快速吹干发根和头皮。

不用过大的功率就能实现快速吹干，尽可能减少高温对头发的损伤。

吹风机文案中的"10 万转数码马达""2 倍增压技术"等

专业术语，看似彰显技术实力，实则制造了认知门槛。消费者需要的是"干发更快不伤发"的解决方案，而非晦涩难懂的技术参数。当用户连基本功能都难以理解时，又如何产生购买意愿？

真正专业的文案人都明白一个基本原理：优秀的文案应当兼具专业性与可读性。事实上，依赖专业术语往往是新手文案人的典型特征，而资深的文案人则更善于用通俗易懂的语言传递专业信息，也就是要做到"深入浅出"——在保持专业水准的同时，确保信息能够被普通受众轻松理解。

（三）第三层障碍："自嗨式写作"

"自嗨式写作"也叫"知识的诅咒"。这一概念在《让创意更有黏性》一书中首次被提出，指的是当个体掌握某项专业知识后，往往难以设身处地地理解缺乏该知识者的认知状态。在文案创作实践中，这种认知偏差极易导致创作者陷入"自嗨式写作"的误区——由于无法准确评估受众的知识储备，造成关键信息的遗漏或表达失当。

如何避免"自嗨式写作"？关键在于文案人必须明确目标用户画像、聚焦用户需求，并充分了解用户在消费决策过程中的顾虑点。正如人际交往的基本原则，"看见对方"始终是有效沟通的第一步。

以上三层障碍不仅是文案新人普遍面临的挑战，也是许多从业者职业发展中的瓶颈，贯穿于文案人的整个成长历程。只有突破这些障碍，文案创作才能超越华丽的辞藻堆砌，真正触及用户内心，成为有灵魂的文字表达。

二、平台期

处于平台期的文案人往往囿于舒适圈，如长期专注于单一平台的情感类文案撰写者的创作模式容易固化。尽管文案创作的核心逻辑不变，但表达方式需顺应行业趋势不断迭代更新。在文案创作领域，停滞不前即意味着相对退步。要实现可持续的职业发展，文案人必须拓展创作领域，尝试多元平台。

（一）第一个突破方法：拓宽领域

突破平台期的首要方法在于拓宽创作领域。2019 年 9 月，我曾在一个月内完成 24 篇文案的创作，其中 90% 是为微信公众号平台撰写的亲子教育类、情感类和课程销售类文案。许多与我同期入行的文案人至今仍局限于这些领域，而我当时便主动突破创作舒适区，开始向商业类公众号内容转型，涉足商业分析、人物观点和经济心理学等更具专业深度的文案创作。这段转型经历为我后续服务金融投资、商业创业和认知提升等高价值领域奠定了重要基础。

（二）第二个突破方法：拓宽平台

处于平台期的文案人要在深耕专业领域的同时拓展多元平台。任何平台的红利期都具有周期性特征，经历鼎盛阶段后可能会逐步衰减。若文案人仅擅长单一平台（如微信公众号）的内容创作，其收益本质上是对平台红利的依赖。当行业风向转向短视频、直播带货等新兴领域时，这类从业者往往因能力局限而错失转型良机。例如，精于微信公众号情感类内容的文案人，应当主动掌握抖音、小红书、视频号及快手等平台的情感文案创作策略，实现专业能力的跨平台迁移。

突破平台期的关键在于拓展认知边界。文案人应当避免因持续获得甲方认可而产生能力饱和的错觉，也不应沉溺于同行赞誉而陷入自我认知偏差。这种主动突破的过程往往充满挑战，因为成长的本质是对舒适区的超越。需要警惕的是，机械式的重复劳动可能会成为思维惰性的伪装，唯有持续突破认知局限，才能实现实质性的专业成长。

三、革新期

处于革新期的文案人，通常已熟练掌握行业方法论与实践技能。与其他专业领域相同，文案行业同样需要建立自身的竞争壁垒。文案人构建专业护城河的核心路径有二：其一，与头部企业建立深度合作，获取行业背书；其二，出版具有专业影响力的著作。从革新期迈向成熟期的过程，本质上是实现自我突破与专业重塑的蜕变历程。这一过程需要持续积累权威企业合作案例，逐步提升专业著作影响力，包括出版系列图书、实现海外版权输出等关键举措。

文案人的职业进阶需要相应能力的支撑，而每个发展阶段都将获得与之匹配的职业回报。对于具备文字热情、专业情怀和创作能力的文案人而言，在追求职业理想的过程中，掌握文案四力模型，是构建可持续竞争优势的关键路径。

第三节　文案四力模型

　　当前国内文案类图书普遍存在理论脱离实际的问题，文案新人往往难以将书中知识转化为实际应用的能力。而引进的国外经典著作又因语言文化差异，难以完全适配中文创作环境。可以说，目前国内尚未形成一套贯穿文案人职业全周期的理论体系。基于此，我通过系统梳理多年实践经验，提炼出"文案四力模型"（见图1-3）。该模型既为初学者提供了易上手的基础技能训练路径，帮助其快速建立文案创作基本功；同时也包含了高阶思维模型，助力资深文案人提升专业认知水平。

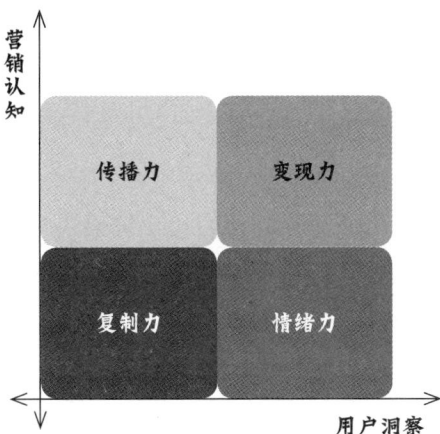

图 1-3　文案四力模型

　　"文案四力模型"从四个维度系统阐述了文案创作的核心能力要素，既涵盖了不同层面的创作技巧，又为文案人提供可操作的方法论体系。

一、复制力

复制力是文案人在各个职业发展阶段都必须掌握的基础能力。无论处于何种专业水平层级的文案人,均可通过系统训练复制力,实现以下双重提升:快速吸收行业专业知识,精准掌握不同文本风格的模仿技巧。

二、情绪力

情绪力是指通过精准把握用户心理,激发其内在情感共鸣的创作能力。该能力要求文案人深入洞察人性本质,系统运用情绪唤起、情绪引导和情绪管理等专业技巧,实现与用户的情感共振。

三、传播力

传播力是指优质文案具备的自主传播属性,其核心在于对传播机制的结构化解构与精准运用。文案人需深入把握传播要素的底层逻辑,通过精炼的语言表达带来广泛影响力。具备传播力的文案能够激发用户的自发传播行为,产生裂变式扩散效果。

四、变现力

变现力是指文案作品实现商业价值转化的能力维度。优

质文案往往具备跨行业适配性和商业趋势响应力。文案人需
要实现从加法变现、乘法变现到指数级变现的跃迁，这正是
文案一字千金的秘密。

本书精选 100 多个具有代表性的文案案例进行深度解析，
其中 80% 以上案例取材于笔者及学员的实际创作成果，既包
含成功范例，也涵盖典型误区。这种理论与实践相结合的编
排方式，有效确保了知识体系的实用性和可借鉴性。在内容
设计上，本书既系统阐述了文案创作的核心理论框架，适合
初学者建立知识体系；又深入剖析了专业层面的方法论要诀，
能够满足资深文案人的进阶提升需求。

第二章

修炼复制力

"文案五层拆解金字塔模型"的每个层级都对
应着对文案底层逻辑的深入剖析。这种逐层解
构的过程，在本质上也是文案人不断深化"文
案创作"的进阶之路。

《刻意练习》一书中提到，所有人都以为"杰出"源于"天赋"，"天才"却说："我的成就源于'正确的练习'！"对于文案人来说，正确的练习就是复制力。

应用复制力可分为两个步骤：第一步是拆解，即对优秀文案进行深度解析，通过拆解其结构、技巧与表达方式，实现文案技能的强化与内化，这一过程为实战型输入；第二步是仿写，即基于优质文案的框架、金句等核心要素进行模仿创作，完成实战型输出。复制力是文案人必须掌握的基础能力。

▌第一节　拆解

我从事文案工作的第一年做了大量的拆解练习。为了深入体会每篇文案的风格特点，我习惯用手写方式进行拆解分析。在这一年中，我完成了整整两本的手写拆解笔记，如图2-1所示。

有不少学员问我："一方老师，你当初为什么要拆解这么多文案？"难道我一开始就明白拆解能快速提升文案创作能力吗？并非如此。在我最初学习文案写作时，市面上还没

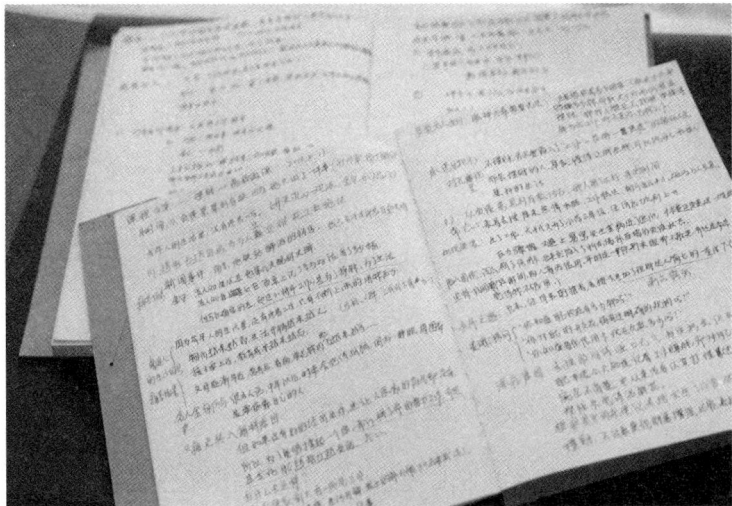

图 2-1　一方的手写拆解笔记

有系统的文案拆解教学方法。真实情况是，我当时连续遭遇退稿，连审稿编辑都评价说："一方的文字缺乏感染力。"相信大多数文案人都经历过类似的挫败。我也曾质疑自己是否适合走文案这条路，但在自我怀疑之外，更多的是不甘心。于是，我坚持每天拆解一篇优秀文案，用心体会编辑所说的"文案情绪"。两周后，我的新文案顺利过稿。继续拆解一周后，第二篇文案也获得通过，并成功与头部平台签约。我并没有什么过人的天赋，那些所谓的顿悟、开窍和灵感迸发，背后都是通过一篇篇文案的拆解与研究积累而得到的。

那么，为什么多数文案人同样进行拆解练习，却未能取得显著成效？文案拆解绝非形式主义的机械模仿。盲目拆解——那些流于表面的"假努力"与低效重复，终将在实际创作中原形毕露。在此，我想与所有文案人分享一个创作真谛："取法其上，得乎其中；取法其中，得乎其下。"

本章所讲解的文案拆解心法与技法，可广泛应用于各类线上文案场景（如直播带货文案、短视频文案、公众号文案、小红书文案、电商活动首页文案、产品详情页文案及朋友圈文案等），同时也适用于品牌营销推广的线下文案载体（包括产品包装文案、产品宣传手册、宣传海报及灯箱海报等）。

一、文案五层拆解金字塔模型

许多文案人在拆解文案时，往往仅停留在文字层面——从框架、段落到句子，甚至细致到标点符号，却始终难以掌握核心要领。其原因在于文案的底层逻辑并非单纯的文字技巧。文案的本质是品牌的表达、传播的载体、营销的执行，以及商业的落地。文案创作的最终目的，要么是提升品牌知名度，要么是提高产品转化量。这里的"品牌"不仅指注册商标的企业品牌，还包括平台品牌、个人品牌等具有传播属性的载体；而"产品转化量"也不局限于销售成交数据，还涵盖涨粉量、留言量、点赞量等可衡量的传播效果。因此，仅仅拆解文字的遣词造句远远不够，文案拆解需要更系统、更深入的视角。基于此，我结合上百篇文案拆解经验及教学实践，总结出"文案五层拆解金字塔模型"，具体如图 2-2 所示。

下面，我将以自己为喜马拉雅 App 撰写的亲子文化类课程文案为例，具体演示如何运用"文案五层拆解金字塔模型"

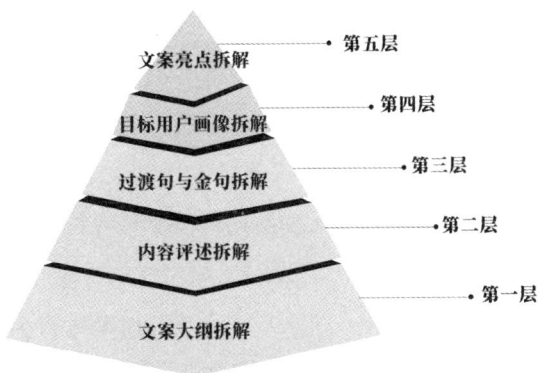

图 2-2 文案五层拆解金字塔模型

进行具体拆解。

（一）文案大纲拆解

标题：为什么要带孩子去"看"敦煌，这是我听过的最好的答案！

文案正文如下。

1. 第一部分：反差冲击，提出核心观点或解决方案

有人问，教育是什么？

爱因斯坦曾说过，教育就是当一个人把在学校所学全部忘光之后剩下的东西。

那么，剩下的究竟是什么呢？答案是探索和研究事物的能力。

父母总希望将最好的东西给予孩子。而最好的馈赠莫过于培养孩子探索和研究事物的能力，让他们在未来充满不确定性

的世界中能够独立思考、自主应对。"开眼看世界"是培养孩子研究能力的关键。在儿童认知发展初期，家长应当尽早带领孩子接触和观察世界，这种启蒙教育越早开展越好。

然而现实情况是，成年人往往疲于应对繁忙的工作与生活，即便偶有空闲时间，也难以找到合适的场所或方式来帮助孩子认识世界。

周末带孩子去郊区采摘草莓、国庆假期带孩子参观海洋馆或博物馆等亲子活动的教育效果其实相当有限。

既然家长无法把孩子带到世界的面前，不如把世界带到孩子的面前。

这篇文案以设问开篇，引用爱因斯坦的名言"教育就是当一个人把在学校所学全部忘光之后剩下的东西"，由此引出"教育的本质在于培养研究能力"这一核心观点。第一部分的文案通过对比"让孩子开眼看世界"的教育价值与"家长时间和精力有限"的现实困境，形成强烈反差，最终提出解决方案的核心主张。

2.第二部分：素材支持，加强核心观点

季美林曾说过，世界上历史悠久、地域广阔、自成体系、影响深远的文化体系只有四个：中国、印度、希腊、伊斯兰文化，再没有第五个；而这四个文化体系汇集的关键地方，敦煌就很有代表性。因此，带着孩子去"看"敦煌，也是孩子们打开世界的重要方式。

任何曾亲临敦煌石窟、目睹敦煌壁画的孩子，无不为之震撼与惊叹。敦煌，这座艺术宝库让孩子们得以见天地之广阔，见众生之百态，更见自我之本真。

这种穿越千年的艺术之美，值得每个孩子用心品鉴与学习。当孩子们遇见敦煌壁画中那些浓墨重彩——青绿如翠、土红似火、土黄若金、褐黑如夜，一场独特的艺术启蒙之旅便由此展开。

当孩子们沉浸于敦煌壁画所讲述的古老故事时，中华文明的悠远历史将以最生动形象的方式，在他们心中留下深刻的印记。

当孩子们通过一件件浮雕、一幅幅地图去探寻敦煌的前世今生，遥想当年我们的祖先如何在这片贫瘠的土地上创造出永恒的艺术瑰宝时，这场文化之旅便显得弥足珍贵。

敦煌将带领您与孩子共同见证十个朝代文化智慧的璀璨结晶。这无疑是一场穿越时空的文化奇遇！让我们一同聆听那穿越千年的悠扬驼铃。

这部分文案借助季羡林先生的观点，指出"敦煌是四个文化体系汇集的关键地方"，强调带孩子"看"敦煌是培养孩子世界观的重要方式，同时为后续产品推介做了自然铺垫。

3. 第三部分：引出具体产品加上素材佐证

诚然，敦煌很美，可普通家长对这份承载着历史厚重的美是说不清也道不明的。

我同样渴望带孩子亲临敦煌感受千年文化，但现实情况是，莫高窟已实施严格的游客限流措施，每日参观人数爆满，游客的大量时间耗费在排队等候上。

当孩子询问"为何敦煌壁画中的人物肤色偏深"这类问题时，非专业人士很难给出准确的解答。因此，我们亟须一套适合家长和孩子共同学习的系统性课程。

由敦煌研究院首任院长、被誉为"敦煌守护神"的常书鸿先生领衔，联合多位艺术教育学者精心打造的"出发啦！敦煌"多媒体课程，通过音频与图文相结合的形式，将敦煌艺术的精髓生动呈现。这套课程突破了地域限制，让孩子们无须长途跋涉，在家即可深度领略敦煌文化的独特魅力。

"出发啦！敦煌"的创作初衷是向孩子们传递敦煌之美。更深层的原因是，自20世纪中期以来，尽管敦煌壁画经过几代人的整理和修复，但仍面临褪色和损毁的问题。

敦煌研究院名誉院长樊锦诗曾说过，文物不可能永生，它们终将逐渐消亡。我们的使命，就是让莫高窟保存得更久一些，再久一些。

时至今日，莫高窟这座文化殿堂仍屹立于世。其南区现存487个洞窟，分布在1 000多米长的崖壁上，壁画总面积约为45 000平方米。

时光流逝，车辙的印记渐渐模糊，但驼铃声仿佛仍在耳畔回响。

樊院长曾忧心忡忡地说过，敦煌的壁画和彩塑，是世界文明的杰出代表，也是人类艺术的瑰宝。然而，它们正逐年退化。再过一百年，会变成什么样子？我希望后世子孙仍能亲眼见证我们民族创造的这份珍贵文化遗产。因此，保护、修复和数字化敦煌的工作，一刻也不能停歇。

"出发啦！敦煌"是敦煌数字化保护工作的重要组成部分。这门课程如同一把钥匙，为孩子们开启通往敦煌的时空隧道，让千年文化得以跨越时间长河，历久弥新。

既然敦煌如此瑰丽多彩，家长该如何带领孩子认识这一世界文化遗产呢？"出发啦！敦煌"正是为解决这一问题而设计的产品——它将敦煌的世界带到孩子面前。

该产品从家长和孩子的兴趣点出发，精心设计了系统的学习模块，涵盖地理、丝路、建筑、历史、壁画、颜料、文学、神话、音乐、舞蹈、美食等 15 个维度的敦煌文化内容。该产品通过音频与图文相结合的形式，生动展现敦煌的魅力，让灿烂的中华文明以童趣盎然的方式浸润孩子的心灵。

（1）轻松幽默，孩子听了还想听。

"出发啦！敦煌"由敦煌学专家常书鸿与儿童美育教育专家联袂打造，是专为儿童设计的敦煌文化启蒙课程。课程采用双主角叙事模式，通过活泼好学的小松鼠涂涂与世代守护敦煌的骆驼王子的趣味对话，以探险故事的形式生动展现敦煌文化。课程内容兼具知识性与趣味性，以童趣化的语言传递敦煌文化精髓，激发孩子们的学习兴趣，带领孩子们领略敦煌艺术的独特魅力。

在课程中，孩子们将跟随小松鼠涂涂和骆驼王子，开启一场沉浸式的敦煌探索之旅——涂涂会跳上孩子们的肩膀，而骆驼王子则摇着驼铃，带领大家缓缓走近敦煌的千年文明。

此外，孩子们还能通过角色扮演，化身为画师、小和尚、飞天、店小二等15个不同身份，体验15场妙趣横生的敦煌文化互动，感受跨越时空的奇妙旅程。

（2）携手文化专家，打造匠心之作。

"出发啦！敦煌"由敦煌研究院文化弘扬部专家李萍、宋淑霞、刘勤等与艺术教育学者联合研发。课程基于敦煌研究院专家团队数十年的研究成果，精选60余个核心知识点，通过15节声音动画课，为孩子们打造一场穿越1650年的敦煌奇幻之旅。

敦煌研究院专家参考大量文献资料，将多年积累的珍贵见闻转化为趣味课程内容。课程经过15轮精心打磨，从主线设计到语言表达都经过反复推敲，最终由专业配音演员倾情演绎。课程以孩子们喜爱的探险故事为主线，用通俗易懂的方式解读莫高窟的历史传奇，让孩子们在聆听中感受敦煌文化的魅力。

（3）跨学科探索，解答敦煌版"10万个为什么"。

"出发啦！敦煌"精选45个备受孩子和家长关注的敦煌文化问题，以莫高窟为窗口，带领孩子们探索中国古代生活的精彩细节。

课程巧妙融入中小学必背古诗词，通过敦煌实景将诗词意境生动呈现。"春风不度玉门关""云想衣裳花想容""大珠小珠落玉盘"等经典诗句，将伴随着敦煌的壮美景观，深深印刻在孩子们的记忆中。

课程设计独具匠心，每节课围绕一个核心主题展开，如地理、历史、音乐、舞蹈、绘画等，通过趣味化的教学方式让孩子们在轻松愉快的氛围中全方位认识敦煌文化。

课程还包含许多文化惊喜，如经典童话《九色鹿》的故事原型就源自敦煌壁画。该课程不仅深受孩子们喜爱，更能满足家长们的求知需求，是亲子共同探索敦煌文化、增进文化认知的理想之选。

（4）电子知识卡片，好听又好记。

"出发啦！敦煌"课程配备 75 张精心设计的电子知识卡，系统整合核心知识点、壁画解析及拓展文化内容，通过"声音＋图文"的多维呈现方式，打造沉浸式学习体验。

课程资源完整丰富，无须家长另行查阅资料，即可帮助孩子轻松掌握敦煌文化的精髓内容。

4. 第四部分：打消用户疑虑，坚定用户信心

这部分展示课程卖点，打消用户疑虑，增强用户对该产品的信心，愿意让孩子去尝试课程产品。

（1）课程采用轻松幽默的讲解方式，通过 15 个生动角色的演绎，让孩子们沉浸其中，主动探索知识。

（2）由文化教育领域专家团队精心研发，历经 15 次内容打磨，确保课程的专业性与教育价值。

（3）精选 45 个孩子与家长最感兴趣的问题，以跨学科视角深入解析，打造敦煌版的"十万个为什么"。

（4）配套 75 张电子知识卡片，采用图文结合的形式生动呈现知识点。

5. 第五部分：利益诱导，敦促用户下单

千百年来，有多少人不远万里，

只为一睹敦煌壁画的风采；

又有多少人不畏艰辛，

守护着敦煌莫高窟？

如果你是一位热爱传统文化的家长，

如果你有一个对历史文化充满好奇的孩子，

如果你和孩子不知道如何欣赏敦煌壁画，

如果你和孩子只差一个前往敦煌的契机……

那么现在，

我们将邀请全国百万少年，

开启一场足不出户的声音探索之旅！

"出发啦！敦煌"音频＋图文课程，

15场妙趣横生的敦煌穿越之旅，

揭秘人人都好奇的45个敦煌问题，

领悟超60个敦煌知识点，

获得75张知识卡拓展艺术常识，

现在下单，即可和孩子一起了解敦煌艺术，

获得一堂出发敦煌前的必修课。

在1 650多岁的敦煌面前，

谁又不是孩子呢？

现在就跟随小松鼠涂涂和骆驼王子走近敦煌！

马上下单!

孩子可以清晨听、饭后听、睡前听!

机会不容错过,赶紧行动吧!

"现在下单,即可和孩子一起了解敦煌艺术,获得一堂出发敦煌前的必修课""马上下单!孩子可以在清晨听、饭后听、睡前听""机会不容错过",以收益点和多使用场景的诱导方式,给出用户立即购买的理由,敦促用户立刻下单。

(二)内容评述拆解

有人问,教育是什么?

这个根本问题直击广大家长的教育焦虑。

爱因斯坦曾说过,教育就是当一个人把在学校所学全部忘光之后剩下的东西。那么,剩下的究竟是什么呢?答案是探索和研究事物的能力。

这部分文案回答了上一个问题,并且引出了下文。

父母总希望将最好的东西给予孩子。而最好的馈赠莫过于培养孩子探索和研究事物的能力,让他们在未来充满不确定性的世界中,能够独立思考、自主应对。

这部分文案针对目标用户的情绪点引发情绪共鸣——"总希望将最好的东西给予孩子"。后半句进一步解释"为什么探索和研究事物的能力是给予孩子的最好的东西",答案是为了让孩子可以自主应对变幻莫测的世界。

"开眼看世界"是培养孩子研究能力的关键。在儿童认知发展初期，家长应当尽早带领孩子接触和观察世界，这种启蒙教育越早开展越好。

这句"越早开展越好"已经埋下了敦促下单的伏笔。

然而现实情况是，成年人往往疲于应对繁忙的工作与生活，即便偶有空闲时间，也难以找到合适的场所或方式来帮助孩子认识世界。

周末带孩子去郊区采摘草莓、国庆假期带孩子参观海洋馆或博物馆等亲子活动的教育效果其实相当有限。

一句转折道出父母的统一痛点"想给孩子更好的，但是没时间、没场所"。下面的文案紧接着列出常见场景，让目标用户更有代入感，再告诉父母这么做效果有限，引发目标用户焦虑——怎么办？

既然家长无法把孩子带到世界的面前，不如把世界带到孩子的面前。

最后用一句金句过渡，"把世界带到孩子的面前"引发用户好奇。这句文案引导目标用户继续阅读。

这篇文案的开头只用了名人名言和家长周末带孩子去郊区采摘草莓等素材，剩下的文字基本属于内容评述。在文案创作中，找到精彩素材固然重要，但内容评述才是精彩素材的加分项。如何循循善诱、层层递进地说服目标用户认同观点，进而认可目标产品至关重要。

（三）过渡句与金句拆解

如何撰写引出产品的过渡句？

诚然，敦煌很美，可普通家长对这份承载着历史厚重的美是说不清也道不明的。

这句话通过转折道出家长痛点：对敦煌具体文化并不了解。

我同样渴望带孩子亲临敦煌感受千年文化，但现实情况是，莫高窟已实施严格的游客限流措施，每日参观人数爆满，游客的大量时间耗费在排队等候上。

当孩子询问"为何敦煌壁画中的人物肤色偏深"这类问题时，非专业人士很难给出准确解答。因此，我们亟须一套适合家长和孩子共同学习的系统性课程。

这部分文案提出观点"就算去了敦煌，也不一定能带孩子感受这种文化底蕴"，紧跟几个具体场景，"人数爆满""游客的大量时间耗费在排队等候上"等的场景代入感极强，深挖父母痛点。文案最后引出"课程"两个字，过渡得十分自然。

由敦煌研究院首任院长、被誉为"敦煌守护神"的常书鸿先生领衔，联合多位艺术教育学者精心打造的"出发啦！敦煌"多媒体课程,通过音频与图文相结合的形式,将敦煌艺术的精髓生动呈现。

这部分文案在提到产品后,马上介绍课程亮点与老师权威,让课程很有说服力。当产品出现时,大家一定立马接上产品的超级卖点,目的是第一时间留住用户,减少用户看到"产品销售"的落差。"通过音频与图文相结合的形式,将敦煌艺术的精髓生动呈现"这句话概括课程超级卖点,展现产品魅力,目标用户一读就懂。

这套课程突破了地域限制,让孩子们无须长途跋涉,在家即可深度领略敦煌文化的独特魅力。

这句卖点式金句,解决父母没时间没精力的痛点,"长途跋涉"与"在家即可深度领略"形成强烈反差对比,凸显课程卖点,解决目标用户的后顾之忧。

过渡句重点在于产品出现前后。其可在产品出现前做好铺垫,在产品出现时做好衔接,在产品出现后紧跟最强卖点,快速打消用户顾虑。

文案里的金句有什么用?如何创作撰写?金句就是整篇文案中像金子一样闪闪发光的句子,能让人一下记住,让人入眼、入脑、入心。

"出发啦!敦煌"的创作初衷是向孩子们传递敦煌之美。更深层的原因是,自20世纪中期以来,尽管敦煌壁画经过几代人的整理和修复,但仍面临褪色和损毁的问题。

"褪色""损毁"等词营造出紧张气氛，给目标用户"再不听就没机会了"的紧迫感，在赋予课程重要意义的同时，强调敦煌的独一无二。

敦煌研究院名誉院长樊锦诗曾说过，文物不可能永生，它们终将逐渐消亡。我们的使命，就是让莫高窟保存得更久一些，再久一些。

名人金句是指引用权威人士的话语，通过权威人士之口传达文案的核心观点；还有一类则是原创金句，如"既然无法把孩子带到世界的面前，不如把世界带到孩子的面前"这类具有独创性的表达。

（四）目标用户画像拆解

在"文案五层拆解金字塔模型"中，前三层属于行文逻辑的浅层拆解，而第四层和第五层则是深层拆解。其中，第四层的目标用户画像拆解尤为关键，它能清晰展现普通文案与专业文案之间的壁垒级差距。

在用户画像的呈现中，精准定位目标用户至关重要。以案例"为什么要带孩子去'看'敦煌，这是我听过的最好的答案！"为例，其关键词是"孩子"而非"青少年"，明确指向核心受众——年幼孩子的父母。案例开篇写道"父母总希望将最好的东西给予孩子"，直接点明目标用户为"父母"，同时暗示作者同样身为父母，与目标用户建立情感共鸣。结尾部分进一步细化用户画像："如果你是一位热爱传统文化的家长，如果你有一个对历史文化充满好奇的孩子，如果你和孩子不知道如何欣赏敦煌壁画，如果你和孩子只差一个前往敦煌的契机……"这些条件清晰勾勒出目标用户的典型特征，强化了文案的针对性。

综合以上分析，我们可以勾勒出较为精准的目标用户画像：这些父母主要来自一线城市，子女年龄普遍在14岁以下。作为工作繁忙的上班族，他们虽然重视孩子的教育，但受限于时间和精力，难以全程参与孩子的学习过程。在文化教育方面，他们既希望为孩子提供优质的文化熏陶，又对自身的文化素养缺乏足够信心，因而更倾向于寻求外部专业资源的支持。值得注意的是，与三四线城市家长更关注语文、数学、英语等学科成绩的特点相比，这类家长的教育诉求呈现出明显的差异化特征。

（五）文案亮点拆解

上述案例的亮点主要体现在三个方面：首先是文化金句的巧妙运用，其次是权威名人的专业背书，最后是严谨的文案逻辑架构。整个文案的说服逻辑犹如小说或剧本的情节铺陈，每一句话都精准切中目标用户的需求。这种文案叙事策略的核心在于与用户产生情感共鸣——体察用户的焦虑，理解用户的困扰，最终为用户提供解决方案

下面我们来分析一下上述文案的说服逻辑。

父母总希望将最好的东西给予孩子。而最好的馈赠莫过于培养孩子探索和研究事物的能力，让他们在未来充满不确定性

的世界中能够独立思考、自主应对。

这句话就是在尝试与用户进行共情，对目标用户——父母娓娓道来。

然而现实情况是，成年人往往疲于应对繁忙的工作与生活，即便偶有空闲时间，也难以找到合适的场所或方式来帮助孩子认识世界。

周末带孩子去郊区采摘草莓、国庆假期带孩子参观海洋馆或博物馆等亲子活动的教育效果其实相当有限。

前文和用户推心置腹后，后文马上又给目标用户抛出难题，用父母最常见的场景，表现出父母又忙又想带孩子见世界的两难处境。

"出发啦！敦煌"是敦煌数字化保护工作的重要组成部分。这门课程如同一把钥匙，为孩子们开启通往敦煌的时空隧道，让千年文化得以跨越时间长河，历久弥新。

文案创作需遵循"提出问题就要解决问题"的基本原则。通过仔细研读该案例的每一句表述，读者能够清晰感知到这种环环相扣的逻辑递进关系。

"文案五层拆解金字塔模型"的每个层级都对应着对文案底层逻辑的深入剖析。这种逐层解构的过程，实质上也是文案人不断深化对"文案本质"认知的进阶之路。

"文案五层拆解金字塔模型"是从宏观框架入手的分析方法。接下来我们将详细讲解标题拆解、开场拆解和结构拆解。

其中，标题质量直接影响文案的打开率和阅读量；开场设计关乎读者能否完成开头部分的阅读；而整体结构则决定了文案的完整阅读率。

二、标题拆解

广告教父大卫·奥格威曾说过："如果标题未能吸引目标受众的注意，就意味着浪费了80%的广告预算。"在营销行业，许多专家也强调，在流量为王的时代，标题的优劣直接决定文案的成败。文案标题如同实体店铺的门面设计——如果潜在顾客仅扫一眼便离开，那么即便正文内容再精彩、产品卖点再契合用户需求，也可能永远失去触达他们的机会。

优秀的标题并非依靠夸张噱头或恐吓手段，而是在确保与目标用户及产品高度相关的基础上，实现曝光效果的最大化，即精准吸引目标用户点击。通过对近千份优质标题的系统分析，我总结出七种高效撰写标题的方法：数字法、反差法、热词法、问句法、对话法、悬念法和情绪法。

（一）数字法

数字法的核心原则是优先使用阿拉伯数字替代中文数字。相较于中文数字，阿拉伯数字具有更高的视觉辨识度，能够实现瞬间识别，从而显著降低用户的认知负荷。虽然这种识别速度的差异可能仅有零点几秒，但在吸引用户注意力的关键环节，这一细微差别往往具有决定性作用。需要强调的是，数字法的运用必须建立在真实性的基础上。在确保信息准确的前提下，通过具有反差的数字对比，能够有效增强标题的视觉冲击力和吸引力。

这包要火！不到 70 元，背出 3 000 元的质感，各种衣服都能搭。

1 锅 = 炒锅 + 汤锅 + 煎锅 + 蒸笼，小巧还不粘，餐餐不重样。

第一个标题通过"70 元"与"3 000 元"的强烈数字对比，形成了显著的视觉冲击效果。第二个标题则创新性地采用算术公式的表现形式，巧妙地运用数字法展现了产品的多功能特性。

(二)反差法

大家在运用反差法时需注意两个关键要素：一是前后内容的对比度要足够强烈，二是核心信息应重点呈现在后半部分。

为什么有了空调，讲究的人还在吹风扇？

退休的她，只用一种方法就入门英语。

第一个标题运用对比与反问的修辞手法，成功引发读者思考：为何追求品质生活的人群，在拥有空调的情况下，仍倾向于选择价格更为亲民的风扇？这种反常规的设问方式有效激发了读者的阅读兴趣。第二个标题则通过打破常规认知来制造悬念。通常而言，英语学习被视为学生和年轻人的专属领域，而标题中"退休的她"这一表述，直接颠覆了这一固有印象。这种年龄与学习行为的反差，自然引发用户产生"连老年人都能轻松掌握英语"的疑问，从而成功唤起用户的好奇心。

（三）热词法

热词法是指通过关联热点话题来提升文案关注度的创作方法。其核心原理在于借助具有广泛传播度的热点词汇，利用其自带的流量属性吸引目标用户点击。热词的来源主要有以下几类：当前热播的影视综艺节目、明星、社会热点事件、网络流行语及热点时间节点等。其中，热点时间节点涵盖节气、法定节假日等；对于那些面向家长和学生群体的营销，开学季和寒暑假等相关时间节点也具有重要价值。

年轻人最新休闲方式：看房子。

末伏最后 10 天：抓住脾胃最关键时机，这 3 件事再不做就晚了！

第一个标题借助了年轻人近期关注房产的热度，第二个标题则结合了三伏天的时令热点。

在使用与明星相关热词时，大家需特别注意以下三点。
（1）匹配目标用户群体：热词应符合目标用户的年龄特征和

兴趣偏好。例如，若目标用户为 20 岁左右的年轻人，大家应选用该年龄段群体普遍关注的明星或影视作品。（2）时效性限制：明星及影视剧的热度往往具有短期效应，因此这类热词不宜用于长期投放的通用文案，以免内容过时。（3）版权与肖像权风险：使用与明星相关的热词可能涉及肖像权或其他版权问题，大家需提前与客户沟通确认，避免法律纠纷。相比之下，网络流行语如"前浪后浪"等因不涉及特定人物版权，大家可放心使用。

（四）问句法

问句法是一种通过提问方式增强互动性的创作方法。其主要包括三种形式：反问句、疑问句和设问句。这种方法能够有效引发读者的思考与好奇心，从而提升内容的吸引力。

为什么说现在的管理者要有教练思维？

那个裸辞 3 次，离开世界 500 强的女孩，现在怎么样了？

第一个标题采用反问句式，以"为什么说"作为切入点，后半句完整呈现核心观点。相较于陈述句"现在的管理者要有教练思维"，这种表达方式更具吸引力，能够有效激发读者的好奇心。第二个标题运用疑问句式，前半部分通过反差手法制造悬念，突出人物的关键特质，随后以"现在怎么样了"引发读者探究欲。"那个……的女孩，怎么样了"是新媒体领域广泛使用的爆款标题句式，其结构简单且效果显著。

采用"欲言又止"的表达手法能够有效激发目标读者的阅读兴趣。在疑问句中使用"你""我""他"等人称代词，可以增强文本的互动性，使读者产生更强的代入感和对话体验。

（五）对话法

对话法的主要特征是通过引号呈现第一人称"我"的叙述视角。其表现形式可分为三种：单方独白、双方对话，以及通过对话引出观点。与疑问句类似，对话式表达强调互动性；同时，与反差表达手法的相似之处在于，其表达效果往往通过后半句的叙述得以强化。

坦白了，这就是我找对象的"标准"。

"你妈妈喜欢做什么？""我妈妈喜欢做家务！"

第一个标题采用单方独白的形式，由"我"独自完成全部叙述。该标题运用了情绪化表达技巧，开头使用"坦白了"引发读者好奇，整体通过第一人称视角呈现标题内容。第二个标题设计为对话形式，即使未标注"小朋友说"，仍能通过语境判断这是与儿童的互动场景。当被问及"你妈妈喜欢做什么"时，小朋友回答"我妈妈喜欢做家务"。这个取材于真实生活的对话片段，因其触动人心，激发了文案创作灵感，对母亲群体具有显著吸引力。

对于运用对话法撰写的标题，请一定记得用上引号。这是一个很小的细节，有测试数据表明，标题加引号，可以提高打开率。

（六）悬念法

悬念法通过刻意制造悬念来吸引读者，带有欲言又止的表达特点，但不同于问句法的含蓄暗示，悬念法的悬念感更为突出和直接。

《玫瑰的故事》很火，但我更喜欢亦舒笔下另外一个女人。

这4个城市才是"新一线"该有的样子！

第一个标题中"另外一个女人"的表述通过信息留白制造悬念——既点明存在特定女性角色，又刻意隐去具体指代对象。第二个标题"这4个城市"与"新一线"该有的样子采用双重悬念结构：前者引发读者对城市具体名录的猜测，后者则激发对新一线城市评价标准的思考。悬疑法常见于"这个……""原因是……""为什么……"等引导性句式，其效果类似于日常对话中"我有句话不知当说不当说"这类欲言又止的表达，能有效激发受众的探究欲望。

（七）情绪法

在标题开头使用"情绪词＋感叹号"的形式，能够有效增强标题的情感感染力！

这条抹布成精了！洗碗不用洗洁精，油污一冲即净，还不伤手。

恭喜你！终于遇见了这款专为夏天而生的清爽身体乳。

第一个标题和第二个标题首句感叹号的运用恰到好处，能够有效吸引读者注意力。常见的情绪表达词汇还包括："天哪""所有女生注意""恭喜啦""太厉害了""说真的""坦白说""别再犹豫了"等。

大家可以交叉并叠加使用这七个高效撰写标题的方法。例如，标题"厉害了！韩国黑科技假睫毛，手残党都能3秒搞定"同时运用了情绪法和数字法。此外，所有平台的标题都应尽量简短，字数控制在22字以内，确保每个字、每个标点符号都精准有效，因为它们承担着吸引读者点击的重要作用。

三、开场拆解

广告文案大师托尼·考克斯曾说过："优秀的广告往往能在开篇就抓住读者。"相关数据显示，用户通常在阅读初期容易流失，而一旦读完开头，文案的整体完读率就会显著提升。基于对大量案例的分析与创作实践，我总结出文案开篇的五大模板和文案开场的四大模型。

（一）文案开篇的五大模板

如何撰写文案的第一句话？让我们先看一个反面案例。

　　随着国民素质的不断提高、健康理念的持续深化、国家对青少年体质要求的日益严格，以及户外旅游的逐渐普及，越来越多人开始……

　　案例开篇采用公文式表达，显得生硬刻板，既缺乏代入感又难以引发共鸣，这样的内容很难吸引读者持续阅读。

　　文案开场白通常需要在 30 秒内吸引读者注意，而其中最关键的是开篇第一句话——它仅有 5 秒钟的机会。如何创作出令人无法抗拒的开篇句？核心要诀在于简洁有力。我通过对数百篇高转化率文案的专项分析发现，绝大多数优秀文案的开篇句都具有简明扼要的特点。

　　减肥，并不容易。

　　向中华传统文化继承人，致敬！

　　这些例子简短易懂，便于读者快速理解。基于简洁性原则，我总结出文案首句的五种写作模板：问句提问式、抒发情感式、用户互动式、标题呼应式、心灵金句式。

　　1. 问句提问式

　　问句提问式开头简单有效，但需遵循"有问必答"的原则。若抛出问题却不提供解答，容易让读者困惑，削弱文案的说服力。正确的做法是"一问一答"，通过问题引发思考，再用答案引导读者跟随文案逻辑，层层推进。

　　有没有哪个词一下子就能夸得人心花怒放？

我想，绝大多数人的答案一定是：有气质。

你有没有发现一个问题?
人一到 30 岁，就会迅速拉开差距。

这两个问句提问式案例能够有效制造悬念，激发读者的好奇心。当读者读完第一个问句时，会自然产生继续阅读的欲望。这种问句的表达方式不仅增强了情感共鸣，还强化了互动效果。若改用陈述句式，如"夸人有气质最容易让人心花怒放"或"人一到 30 岁就会迅速拉开差距"，表达效果将明显减弱。

2. 抒发情感式

抒发情感式开篇通常针对大众普遍认同的现象，通过抒发共鸣性情感来引发读者认同。其关键在于选取用户熟知但尚未明确意识到的角度，从而精准表达受众心声。

想学好外语，但一直没学好，据说是很多年轻人的常见遗憾。

酒的至高境界，是未闻先醉。

第一个案例"想学外语却一直没学好的遗憾"反映了众多年轻人的共同经历，容易引发同理心，这正是典型的用户心声表达。第二个案例若将后半句改为描述酒的口感或后劲，其共鸣范围则会大幅缩小。为何原案例的表达方式更具普适性? 因为无论哪个年龄段的用户都熟悉酒的气味，但并非所有人都饮酒；在饮酒群体中，也并非所有人都热衷品酒；即便是爱酒之人，也未必都精通酒道。情感式表达的最佳效果，是让目标读者在阅读过程中产生强烈认同感。

3. 用户互动式

用户互动式开篇通过使用"你""我""他"等人称代词，能够营造出与读者面对面交流的亲近感。这种对话式的表达方式，有时会唤起读者类似课堂上被老师点名时的专注状态，使其立即集中注意力。若大家将对话形式与问句形式结合使用，可进一步增强表达效果。

你们有没有发现不管敷了多少面膜，涂抹了多么昂贵的护肤品，但你的皮肤就是不光滑。

你是否容易出现这些症状：头晕脑胀、起床困难、四肢无力、脸上出油、刷牙易干呕、有口气，明明吃得不多却还是胖……

第一个案例以护肤品为主题，第二个案例则是面向职场人士的健身运动推广文案。两个案例的开篇句式"你们有没有发现"和"你是否容易出现这些症状"，均能有效引导读者进行自我对照。这种让受众自发对号入座的方式，自然构建了成交场景。高明的文案策略不在于直接推销产品，而在于精准呈现使用场景。

4. 标题呼应式

标题呼应式开篇需与标题内容形成严密的逻辑呼应。无论标题本身如何标新立异，都应确保用户在阅读首句时能够立即感知到与标题的关联性。

标题：他终于不打鼾了！

文案第一句：再打鼾，就分床！

标题：空气净化器性价比之王，到底有多绝？

文案第一句：不是高端机型买不起，而是实惠机型更有性价比！性价比之王！200元享2 000元高端机净化效果！

第一个案例采用情绪呼应手法，从标题到开篇都贯穿对打鼾现象的强烈厌恶感。这种标题呼应式文案的首句，实质是对标题情绪的进一步强化。第二个案例选自我的学员"麦萌萌萌"的作业，其标题通过设问，成功引发读者好奇，随后在首句直接给出解答："200元享2 000元高端机净化效果"。第一个案例着重激发受众情感共鸣，第二个案例则通过标题设疑、开篇解惑的方式自然导入正文内容。

5. 心灵金句式

本书所指的"金句"，是指那些能够引发读者强烈情感共鸣或具有高度记忆点的精妙语句。这类语句的来源具有多样性：既可以是名人名言，也可以借鉴经典影视台词，更鼓励原创性表达。其核心特征在于语言凝练、意蕴深刻，能够令读者产生"眼前一亮"的阅读体验，甚至不由自主地赞叹"说得真好"。将金句置于开篇位置，能够有效调动读者情绪。

我们的焦虑来自投资给了别人，而没有投资自己。

——老路

现代人闭口不谈态度，却在衣品上写满个性。

第一个案例通过引用名人金句，精准捕捉当代人普遍存在的"焦虑"情绪。其中"投资给了别人，而没有投资自己"采用 ABAC 句式，通过前后语义的鲜明对比，强化了表达效果，更能引发读者共鸣。第二个案例则运用原创金句，从"闭口不谈态度"到"却在衣品上写满个性"的表述转换，特别是"闭口不谈"与"衣品上写满"的强烈反差，让目标用户快速建立记忆点。

在文案拆解过程中，大家需针对不同载体采取差异化的分析视角：公众号文案应重点分析开篇首句，朋友圈文案需着重考察起始句，短视频脚本则要特别关注开场白部分。无论文案篇幅长短（从数千字的长文案到一两百字的短文案），开篇的第一句话都具有决定性作用。优秀的开篇句能够在 5 秒内吸引读者进入阅读状态，但需注意，成功的文案开头不能仅依赖某一句话，而需要构建一个完整的引导体系。

（二）文案开场的四大模型

在拆解文案的过程中，我总结了四大类具有高度吸引力的开场方式，分别是美好愿景型开头、痛苦刺激型开头、故事叙述型开头和热点关联型开头。

1. 美好愿景型开头

睫毛是极度性感的化身。

长睫毛在装饰性感的同时，会让眼睛更有神采。即使只化了淡妆，有了卷翘睫毛的加持也能让双眼告别无神，电力十足。

甚至，有了浓密的睫毛简直就相当于自带眼线和睫毛膏，可以直接省去不少烦琐的化妆步骤，让你在素颜时也很好看。

美好愿景型开头以描绘目标用户渴望实现的理想场景为文案开篇。这类开场具有以下特征：呈现美好、愉悦、理想化的情境，激发向往与憧憬之情，营造令人羡慕的氛围。例如，案例中浓密长睫毛的表述，精准捕捉了女性普遍向往的美妆诉求。

2. 痛苦刺激型开头

从一双干干净净的鞋子，就能看出一个人的涵养。

穿上刚买的新款运动鞋出门，却赶上下雨，眼看着"水漫鞋身"，此时此刻，只想抱着鞋光脚走完剩下的路。穿着一尘不染的白鞋去约会，在地铁上被人踩了一脚，看着那个巨大的鞋印，脚疼、心也碎了。穿着一双时髦的跑鞋正运动得尽兴，却不慎一脚踩进跑道边上的泥坑中。想到回家还得立刻清理鞋上的污渍，原本畅快运动的潇洒心情，顿时一扫而空。

痛苦刺激型开头以目标用户亟待解决的困境场景为文案开篇。这类开场具有以下特征：呈现令人困扰、产生焦虑或引发恐惧的情境，直击用户希望摆脱的现实痛点。例如，案例中描述鞋子遭遇下雨湿透、被人踩踏或踩进泥坑中等场景，仅通过文字描述就能唤起用户强烈的负面情绪共鸣。

痛苦刺激型开头适合刚需类产品。所谓刚需类产品，是指那些直接影响基础生活质量和生命安全的必需品，如与衣、食、住、行、生命安全相关的产品。这类产品往往针对用户的基本生存需求或安全保障需求。与之相对，美好愿景型开头更适合匹配享受型产品。这类产品主要面向已满足基本生活需求的消费群体，旨在提升生活品质或优化现有条件，具体包括奢侈品（如高档箱包、高端化妆品）、消费升级类商品（如豪华汽车）、效率提升工具（如思维导图软件），以及与生活美学相关的产品（如收纳整理服务、断舍离课程）和高端理财服务（如面向财务自由人群的投资规划）等。

大家可结合使用痛苦刺激型开头与美好愿景型开头，但需根据产品类型调整顺序。对于刚需型产品，大家宜采用"先痛苦后美好"的结构。而对于享受型产品，大家可采用"先美好后痛苦"的结构。

3. 故事叙述型开头

我有一个朋友，她和丈夫在旁人看来十分般配——她美丽开朗，他稳重踏实。可她却说，自己的婚姻生活一点都不幸福。因为在家里，她常常独自一个人，像在唱独角戏。

她说：下次洗完澡，能否及时把卫生间的地板擦干，留下水渍很难看。

他说：好。

她说：能不能不要把臭袜子攒在一起，这样放在洗衣机里有很大的味道。

他说：这么多事！

她说：还不是你不讲卫生。

他说：……

她说：你为什么不说话？

他打游戏，眼皮都不抬一下。

这样的情景在他们家每天都上演。

他从来不争不吵，默不作声，不了了之……

冷暴力，甚至比语言暴力更让人伤心。

这是一个投放在情感类平台的线下课程文案，开头使用符合平台调性的情感故事。文案从"一个朋友"代入，让用户看到人物相处的细节。用户喜欢听故事，故事开头很吸引人。第一句话"在旁人看来十分般配……自己的婚姻生活一点都不幸福"，采用前后反差的手法，很容易制造悬念，让用户忍不住往下看。

4. 热点关联型开头

鸿星尔克，这次是真的火了。

在网友们的印象中，这家企业一直低调得近乎沉寂——甚至连微博会员都舍不得续费。然而，就是这样一个被戏称"穷得叮当响"的品牌，却在郑州灾情中默默捐出了5 000

万元。

更令人动容的是，有网友翻出鸿星尔克去年的财报：市值仅3亿元，净利润亏损2.2亿元。这意味着，这次捐款几乎是掏空家底的义举，颇有几分孤胆英雄的悲壮。

但今天，我想和大家聊聊鸿星尔克爆红背后的逻辑，以及为什么我要劝你——别再"野性消费"了。

在鸿星尔克直播间爆火的热点事件中，该品牌因"捐款数额远超企业盈利"的反差现象引发公众关注。这种强烈的对比塑造出鸿星尔克"孤胆英雄"的公众形象，而文章开篇却话锋一转，提出"别再野性消费了"的劝诫，通过设置悬念成功吸引读者持续阅读。

热点关联型开头是指以热点人物、热门事件、热门综艺、影视剧或网络流行语等具有广泛关注度的元素为文案的引入方式。大家通过借势热点，能够在短时间内吸引读者注意力，从而提升文案的阅读量。

如何设计真正吸引目标用户的开场？经过研究分析，我总结出以下三大核心原则。

（1）通俗易懂：开场内容应当简洁明了，确保用户无须思考即可快速理解。

（2）相关性：无论是软广文案、硬广文案，还是经典文案框架，开场的第一句话都必须与目标用户直接关联。

（3）投其所好：基于目标用户的兴趣偏好、痛点及熟悉的生活场景，精准选择开场切入点。

四、结构拆解

许多文案人常陷入一个认知误区,认为优秀的文案都是一蹴而就的。他们在创作过程中过分依赖灵感而忽视基础框架,最终往往只能自我感动。真正具备商业价值的文案应当如同一位谈判专家,在逻辑层面需要明确以下关键要素:首先确定切入点,其次提炼核心观点,再次选择支撑论据,最后实现论点与论据的严密衔接。

如何快速构建逻辑清晰且富有吸引力的文案框架?通过系统分析市面上数百篇高转化率文案,我总结出三种具有普遍适用性的高效文案框架:经典文案框架、软文文案框架和硬广文案框架。

(一)经典文案框架

经典文案框架通常采用完整的结构化表达,其核心逻辑是以用户痛点场景与产品理想场景作为切入点。

经典文案框架具有严密的逻辑性和环环相扣的特点,是当前市场上广泛应用且转化效果显著的标准框架。优秀的文案既能吸引用户阅读,又能有效促成购买决策。由于长文案更利于展现层层递进的逻辑关系,下面以我创作的一份课程文案为例进行具体说明。

1.第一部分:反差冲击,提出核心观点或解决方案

随着春节假期临近,许多家庭正在规划全家出游行程。无论是东南亚度假、日韩观光,还是国内自驾旅行,都令人充满

期待。然而，愉快的旅程更需要重视安全保障，旅途中的突发状况往往难以完全避免。

例如，2023 年 3 月 27 日，游客 ×× 与家人在涠洲岛某火山公园景区游玩时突发晕厥，经抢救无效不幸离世。

2023 年 7 月 29 日，南京游客 ×× 与家人在内蒙古草原旅游期间突发意外，最终因猝死离世。

文案第一句以美好的旅行场景切入，第三句就急转到旅途中的突发状况。文案通过理想与痛苦的强烈反差，实现了场景间的快速转换。

而就在 12 月 19 日上午，山东潍坊一名货车司机突然倒地，呼吸骤停。

幸运的是，附近巡检的物业安保人员及时发现，立即拨打急救电话并迅速实施心肺复苏。

随后，几名安保人员轮流进行急救，在救护车抵达前成功使货车司机恢复自主呼吸。

文案开头提到突然倒地、呼吸骤停的情况，能够瞬间调动目标用户的情绪。接下来，文案展示了幸好有人及时急救、病人顺利脱离危险的现状。

人生而平等，但在突发疾病面前，掌握急救知识的人，往往能成为生命的守护者。

意外总是猝不及防，而最令人痛心的，莫过于那些本可以挽救的生命，却因错过黄金抢救时间或错误的施救方式，最终无力回天。

文案开头的最后顺势提出与痛点和产品卖点有关的核心观点，通过理想场景与痛苦场景的对比，凸显掌握急救知识的重要性。

2. 第二部分：素材支持，加强解决方案

案例第二部分应运用支持第一部分解决方案的素材。案例第一部分的解决方案是强调掌握急救知识的重要性，而非直接引入产品。这类似于商场推销场景——若推销员一开场便宣称"这款产品最适合您"，消费者难免心生疑虑。在文案布局上，文案人应优先与用户建立信任感，通过渐进式引导激发其兴趣。

调查显示，在我国，平均每分钟就有1人死于心肌梗死；

87%的心肌梗死病人在医院以外的地方发病；

平均每天有10个儿童死于气管异物堵塞；

平均每天约有40个中学生因溺水死亡……

这些数据，触目惊心。

每一个冰冷的数字背后，都对应着一条本可挽回的生命。

当意外发生时，没有人能保证厄运不会降临——无论是你的亲友、你自己，还是任何一个普通人……

这一部分的核心目标是解答"为什么急救如此重要"。通过引用调查数据作为支撑素材，在理性论证的同时，唤起读者的情感共鸣。

当意外发生时，专业医护人员往往无法第一时间抵达现场。因此，在急救车到达前的黄金抢救时间，即医学上定义的"黄金4~10分钟"——必须由我们自己把握。

研究表明，在突发意外伤害中，抢救每延误1分钟，患者死亡率将显著上升。面对不可预知的风险，与其被动等待救援，不如主动掌握急救技能，将生命主动权握在自己手中。

那么，为什么普通人必须学习急救知识？

核心原因在于，在意外发生的最初关键时段（4~10分钟），专业医疗救援几乎不可能及时到达。这一无可争议的事实，凸显了公众掌握基础急救技能的必要性。

第二部分的文案内容并非直接推销，而是为目标用户预留充分的认知缓冲期，通过前期铺垫建立共识。阅读至此，多数目标用户已能清晰认识到：掌握急救技能，意味着在危急时刻能够为亲友乃至自己争取宝贵的生机。

3. 第三部分：引出具体产品＋素材佐证

在第三部分的产品卖点介绍环节，我们并非生硬地向用户宣称"这款产品适合您"，而是着重呈现产品的核心优势，阐明其如何精准契合用户需求。我们首先通过一句高度凝练的金句引出课程讲师的专业背景，继而自然过渡到产品介绍，使产品价值的呈现更具说服力。

掌握专业急救知识的人，犹如生命之光，照亮生的希望，守护逝去的可能。这句话正是对 A 老师最贴切的诠释。

作为国内急救培训领域的权威专家，A 老师拥有以下专业资质。

美国心脏协会（AHA）Heartsaver、BLS 及 ACLS 课程认证讲师。

欧洲复苏委员会（ERC）ILS 课程认证讲师。

国际野外医学协会（WMAI）WAFA/WFR 认证导师。

广州市急救医疗指挥中心院前急救技能培训项目首席教官。

国内马拉松赛事 AED 移动救护体系主要发起人之一。

讲师的每个资质认证都应精准对应用户需求，大家要避免简单罗列其生平经历。

在多年的急救培训与实践中，A 老师发现，相较于缺乏急救知识，更危险的是许多人对错误的急救方法深信不疑。

例如，幼儿常因误吞电池、小玩具或坚果类食品等异物而发生气道梗阻，这时家长往往采取用手指抠挖口腔、拍背等错误方式进行施救。殊不知，这些做法可能加重窒息风险，患儿甚至可能在两分钟内发生生命危险。

若家长能在第一时间正确应用海姆立克急救法，往往仅需数秒即可挽救患儿生命。

优秀的文案不应采用说教方式，而应通过多维度呈现，引导目标用户自主感知价值。案例需选用真实、具体的素材，打破用户固有认知，使其直观理解课程的实际效用。

4.第四部分：打消用户疑虑，坚定信心

通过上述案例，读者已能深刻认识到急救知识的重要性，并对讲师的专业性产生信任。然而，部分读者可能会产生疑虑:"作为没有医学背景的普通人,文化水平有限,是否真能掌握这些专业知识?学习难度会不会太大?"这正是第四部分要解决的问题——通过针对性的教学设计,消除用户疑虑,降低学习门槛,从而有效提升购买意愿。

为什么要选这门急救课?

(1)权威老师经验丰富。

A 老师具有丰富的临床急救经验,曾在院前急救及急诊科接诊数万例患者。凭借扎实的实践积累,他能够精准判断常见急症的处置要点,并选择最有效的救治方案。

2015 年,他创办 A 急救训练营,在广州、深圳、北京、上海等 10 余个城市开展线下培训,累计培训学员达 5 000 余人。

同时,他积极推动急救科普进企业、进校园,为近万名医护人员和普通公众提供专业培训。所有课程内容均经过百余位医疗专业人士的论证,确保教学内容的科学性和实用性。

经过四年的发展,其培训课程已覆盖全国 12 个城市,开展线下课程逾百场,学员满意度持续保持高位。线上课程销量突破 6 000 份,并保持零差评记录。学员反馈显示,课程重点突出实用急救要点。

- 施救者安全优先原则。
- 急救电话沟通要点与黄金十分钟处置。
- 现场安全评估与患者转运规范。
- 呼吸心跳判断与心肺复苏操作标准。

这部分文案通过运用权威效应与从众心理的双重策略,

向目标用户传递以下核心信息：首先，突出讲师团队在专业领域和教学实践中的双重权威性；其次，通过展示医学基础薄弱学员的成功案例，有效消除读者的学习顾虑，强化"零基础亦可掌握"的认知。

（2）课程严谨实用，方法简单易上手。

本课程采用"学练结合"的教学方法，通过要点精讲—步骤拆解—原理剖析的递进式教学，确保知识掌握扎实透彻。本课程基于 A 老师 15 年一线急救实战经验，系统提炼出一套科学实用、易于操作的急救技能体系，帮助学习者在突发意外现场冷静应对、有效施救。

在救护车到达前，如何实施有效的现场急救措施？

醉酒后，哪些饮食方式能加速酒精代谢？

为增强课程内容的直观性与可信度，本课程特别采用图文结合的呈现方式，通过精选课程截图直观展示核心知识点。这种设计旨在帮助用户建立"轻松掌握"的学习认知，从而有效提升学习信心与完成度。

5. 第五部分：利益诱导，敦促用户下单

第五部分聚焦于转化环节，通过价值强化策略明确告知目标用户课程的核心收益。具体呈现方式为：系统展示掌握急救技能后的实际应用场景，以学习成果的可视化呈现作为购买决策的合理依据。

你会学到：

课程内容包括现场急救概述、致命急救篇、常见内科急救篇、常见外科急救篇、意外急救篇五大章节，涵盖了我们日常生活中常见的危急重症。

你将获得：

如果你是一名职场白领，若在户外团建时遇到意外受伤出血的情况，掌握正确外伤止血方法的你，将成为团队中最可靠的"急救天使"；

如果你是一名家庭主妇，当家中有老人突发脑中风昏迷时，具备快速正确施救能力的你，就是家人最安心的"家庭急救医生"；

如果你只是一个普通路人，当遇到溺水事故时，相较于手足无措地等待救援，接受过专业培训的你能够冷静实施急救措施，把握黄金抢救时间。

案例通过"你将学到"和"你将获得"两个方向，为目标用户构建课程学习后的双重价值场景。

面对突发危急情况时，在救护车到达前，你将不再手足无措，而是能够冷静配合，做好最佳急救准备；在救护车抵达后，你也能从容应对，高效与医护人员沟通关键信息。

课程的学员说："患者当时满口呕吐物，若不及时清理，很可能引发气道堵塞。我第一时间驱车将其送往医院。目前患者已恢复清醒，CT检查未见明显异常。医生表示，幸亏院前急救及时且方法得当，否则后果不堪设想。衷心感谢老师的指导！

案例通过展示往期学员的课程评价，有效强化了课程产品的正向体验感。

> A 老师 10 分钟"救命课",
>
> 每天学习 10 分钟,
>
> 不到一个月,
>
> 普通人也能掌握专业急救技能。
>
> 原价 299 元,
>
> 限时优惠价 99 元,
>
> 平均每天仅需 3 元,
>
> 为家人、朋友和自己增添一份生命保障!

案例的结尾部分运用平摊成本的计算方式,将 99 元的课程费用转化为"每天仅需 3 元"的表述。这种突出物美价廉的营销话术,有效降低了用户的决策门槛,显著提升了转化率。

我之所以选择这篇急救文案作为案例,是因为它获得了甲方的高度认可。甲方负责人曾评价道:"一方老师,没想到你的文案还能写得这么精彩!"更值得一提的是,这篇文案的转化数据表现优异,在后续连续数月的多次推广投放中都取得了良好效果。时隔三年,这篇文案依然经得起时间考验,其创作思路和技巧值得深入研究与借鉴。

(二)软文文案框架

在长图文、短视频、电视剧及综艺节目中,如何实现广告的"丝滑软植入",始终是文案人面临的难题。所谓软文文案，是指将产品广告自然融入内容的文案形式。这类文案的前半部分通常会生动地讲述故事、阐述观点或呈现幽默段子，随后再自然过渡到后半部分的产品推广。与硬广文案相比，软文的精髓在于一个"软"字——衔接流畅，过渡自然。其优势在于前文内容能有效吸引目标用户的兴趣，促使他们点击阅读；但若转折部分处理不当，则可能引发用户的心理落差，影响传播效果。

软文文案大体上分三类，分别是观点软文、故事软文和科普软文。

1. 观点软文

观点软文的前半部分通常专注于观点阐述，而不会涉及产品营销内容。

以学员"扎西萌"创作的知名洗衣液文案为例，其标题《冰雪奇缘》背后有位会亲肤魔法的爸爸"采用了典型的观点文章风格。这篇文案发布在某头部亲子公众号的次条位置后，24小时内即获得7万阅读量，传播效果十分出色。

作为一名两个孩子的妈妈，我深切体会到育儿不仅是体力劳动，更是一项脑力挑战。

最令我困扰的是孩子的吃饭问题。有一次，在极度无奈的情况下，我将碗重重放在桌上，转身对丈夫说："你来处理吧！"令人意外的是，短短几分钟后，孩子就乖乖吃起饭来，边吃还边称赞"真香"。

事后我好奇地询问丈夫是如何做到的。他解释道："我告诉孩子，《冰雪奇缘》里的雪宝也在吃饭，吃完饭就能一起去滑雪了。"孩子听后满脸期待，就这样愉快地吃完了饭。

从案例正文的开头部分可以看出，文案内容始终紧扣标题主题，着重描写孩子与电影《冰雪奇缘》的关联，而对产品信息则只字未提。

平时，爸爸忙于工作，很少在家，但爸爸对家人的关爱丝毫不减，他的付出与妈妈同样重要。

就像《冰雪奇缘》中守护王国的艾莎一样，父亲也在用他的方式守护着家庭。他始终以坚毅的形象影响着孩子，让他们在成长过程中学会勇敢面对挑战。正如人们常说"世上只有妈妈好"，但一个好爸爸同样不可或缺。

值得关注的是，某高端亲肤洗护品牌洞察到现代家庭的需求，在今年"双十一"特别推出《冰雪奇缘》联名洗涤套装。该套装包含天然亲肤洗衣液和洗衣露两款产品，专为有孩家庭研发，配方温和不刺激，能有效呵护家人肌肤健康。

在文案的第二部分结尾处，作者才提及父亲对孩子成长的重要影响，随后通过"值得关注的是，某高端亲肤洗护品牌洞察到现代家庭的需求"这一过渡句，实现了向产品介绍的自然衔接。

从案例素材的运用和转化引导来看，该文案在引入产品后的框架与经典软文结构一致。软文创作的关键在于产品出现后，能够无缝衔接产品卖点。就框架结构而言，软文文案并无固定划分标准。通常图文类软文会在全文50%的位置引入产品，后半部分集中呈现产品信息。而在短视频创作中，产品植入同样多出现在总时长的 50% 位置，后半部分通常采用两种处理方式：一是延续产品介绍，二是在产品介绍后回归前文内容。值得注意的是，第二种处理方式往往能更好地保证产品信息部分的完播率。

2. 故事软文

故事软文通常分为五种类型：创始人故事、员工故事、用户故事、产品故事及剧情故事。从传播效果来看，创始人故事因其能够充分体现品牌核心价值而被广泛应用；在短视频传播领域，剧情故事则因其较强的娱乐性和传播性而成为最常用的形式。

（1）创始人故事。

艾达 18 岁时来到深圳，经过 7 年披星戴月的奋斗，25 岁那年，她结婚生子。为了照顾孩子，她选择回归家庭，成为一名全职太太。

随着宝宝快速成长，添置儿童家居用品的需求日益增加。然而，艾达在选购时发现，市场上的产品要么材质不够安全，要么配色过于艳俗；好不容易找到一家北欧风、ins 风格的家居店，产品价格却又高得令人望而却步。

"既然找不到既美观、安全又价格合理的儿童家居用品，为什么不自己动手做呢？"这个念头在她心中萌生。于是，艾达毅然投身于儿童家居用品这一完全陌生的行业。

秉持着"为孩子创造更美好的童年"的创业理念，无论前路多么艰辛,艾达始终坚定前行。对她而言,为了孩子,一切付出都值得。

案例故事的开篇,主人公被设定为一个"普通人"——18岁来到深圳打拼,历经7年奋斗后,25岁结婚生子,成为一名全职太太。为什么要刻画这样平凡的经历?正是为了让目标用户在阅读时产生代入感,从而引发情感共鸣。随后,故事展现了普通人生活中的一个关键转折点:艾达在市场上找不到既安全又价格合理的儿童家居用品。正是这一现实困境,促使她为了孩子毅然踏上创业之路,实现了从普通母亲到创业者的逆袭。

从系统学习专业知识,到走遍全国甄选优质面料,再到严格筛选合作厂商把控生产工艺,艾达在创业的每一步都倾注了全部心血。

她始终秉持"让美育融入家居每个角落"的理念,坚信优质的家居环境能潜移默化地培养孩子的审美能力。因此,艾达不仅对产品质量有着近乎苛刻的要求,对产品设计的颜值标准同样毫不妥协。

功夫不负有心人。经过一年多的精心打磨,艾达创立的"星××"品牌产品一经上市便供不应求,获得众多宝妈的一致好评。"星××"这个品牌名称寄托着艾达的美好愿景——希望每个使用产品的孩子都能如璀璨星辰般闪耀光芒。

这段创业历程充满艰辛,每一步都凝聚着艾达无数的心血与汗水。正是经历了这样的艰难险阻,她才最终实现了从普通母亲到成功创业者的蜕变。

这种"普通人逆袭"的叙事模式之所以动人，正是因为它真实展现了平凡人通过不懈努力突破自我的过程，极易引发同样平凡却心怀梦想的读者的共鸣。

（2）剧情故事。

剧情故事软文在短视频文案中被广泛应用。这类短视频文案通常会将反差手法发挥到极致，甚至会在单条视频中多次创造反差效果。以下是一个短视频文案脚本的案例。

场景一：家中房间，电脑前

画外音：琼姐，又在看以前的照片啊？

（画面切换至电脑屏幕，显示女主年轻时和姐妹们跳舞的合影）

女主：是啊，好久没见，真想她们了！

画外音：那去找她们玩啊！

女主：可大家都不在一个城市，很难聚齐……

画外音：想见的人就要马上去见！走走走！

场景一的反转是场景反转，女主从广州家里出发，说走就走，直奔深圳。

场景二：前往高铁站的路上

字幕：说走就走，偶遇姐妹。

女主：巧了！正想找你呢，走！

女二：去哪儿啊？

女主：去深圳啊，找她们聚聚！

女二：可我刚买完菜……

女主：那更巧了，正好下火锅！

画外音：哈哈哈！

场景二的反转是角色反转，剧情从女主独自出发，意外转变为两人同行，且是女主在路上随机"抓"到姐妹同行，增强了戏剧性效果。

场景三：高铁车厢内

画面：女二一边择菜，一边一脸疑惑地看着女主。

女主：别看了，快干活吧！

场景三的反转是情节反转，原本买菜回家做饭的女二，此刻竟在高铁上择起了菜。

场景四：酒店房间，姐妹重逢

字幕：姐妹相见。

画面：女主、女二、女三、女四、女五、女六激动相拥。

女主：姐妹们，我们多久没有一起跳舞了？来排一个！

众姐妹纷纷摆手推辞。

女二、女三：不要、不要……

女四：跳不动了……

女五：腰不行了……

女六：年纪大了……

场景四是情节反转，经历久别重逢的喜悦后，众人却以各种理由拒绝跳舞，为后续剧情反转埋下伏笔。

场景五：舞蹈排练室

画面内容：女二、女三、女四、女五、女六正投入地练习舞蹈动作。

画面字幕：跳不动了？腰不行了？年纪大了？

全景镜头：六人整齐列队站立。

女主（喊口令）：双腿伸直！

众人（齐声）：向右看齐！

女主（笑着）：向后——转！

全体（大笑）：哈哈哈！

场景五与场景四形成人物角色的反转。

场景六：姐妹们围坐在餐桌旁享用茶点

女三：琼姐，这么久不见，你的皮肤还是这么紧致饱满！

女主（笑着拿出产品）：诺，我每天晚上都用这款晚霜，它含有双重 A 醇和双重 A 酯配方——（产品特写：镜头聚焦霜体中可见的活性成分颗粒）。

女主（示范涂抹）：看这些 A 醇微囊，触肤即融。来，姐妹们每人一份！

场景六通过姐妹互动的温馨氛围完成广告植入，既保持剧情的连贯性又确保广告信息的完整呈现。

场景七：舞蹈室

女主：还记得吗？我们当年上体育课就是这样……全体站

一排齐声喊"预备,起"!

分屏特效:画面上层呈现以前跳舞片段,画面下层呈现当下舞蹈排练的实时画面。

画面字幕:每个人心中都有一段属于自己的青春,经过岁月的洗礼,沉淀美好的芳华。祝所有女性芳华永驻,一路芬芳。

场景七作为剧情高潮,通过今昔对比的视觉呈现,完美呼应观众对"三十年后重聚共舞"的情感期待,完成故事闭环。

在剧情的中段巧妙植入产品宣传内容,这种软性植入方式能够有效提升广告文案的完播率和完读率。观众为了获取完整剧情内容,会更主动地观看或阅读其中的广告信息。

3. 科普软文

科普软文通常会在正文前半部分介绍相关专业知识,以增强读者的信任度,进而提升品牌影响力。以下是一则我创作的关于防脱发知识的科普案例,仅供参考。

自检脱发的方法与成因分析

小L教你检查自己是否脱发:在头部不同部位,用手指轻轻梳理头发6~8次,如果每次梳下来的头发超过3根,那你的头发毛囊非常脆弱,需引起重视。

一个人之所以会脱发,主要是由三大因素共同作用导致:遗传因素、精神压力及洗发产品影响。

(1)遗传因素:脱发在我国较为普遍,约2亿人受此困扰，其中53%的脱发案例与遗传相关。此类脱发通常在20岁左右开始显现，可形象地称为"命中注定型脱发"。

（2）精神压力：长期处于紧张、焦虑、抑郁或失眠状态，会导致头皮毛细血管持续收缩，影响毛囊营养供给，促使毛发提前进入休止期，从而引发脱发。

（3）洗发产品影响：①长期使用碱性洗发水。这类洗发水虽然去污效果显著，但会损伤头发毛鳞片结构，破坏头皮天然保护屏障，最终可能导致脱发。②热衷选择大量起泡的洗发水。泡沫不会导致脱发，但这类洗发水起泡时会产生硫酸盐，导致脱发。

该案例针对脱发自检和脱发原因进行知识科普。文案内容设计旨在让用户在未产生消费行为前即可获取有价值的专业干货。

（三）硬广文案框架

硬广文案通常直接推广产品，缺乏前期铺垫。其适用场景需满足以下两个显著特征之一：一是用户本身存在消费需求，二是用户对品牌或商家已建立高度信任。因此，硬广文案常见于电商详情页、产品宣传手册，以及公众号、短视频、小红书等新媒体平台的个人品牌账号。

省钱了！纸尿裤低至五五折，编辑部妈妈都在囤。

平台账号的粉丝群体以妈妈为主，她们对号主有较高的信任度。该标题设计简洁直白，产品类目为"纸尿裤"，目标用户明确指向"妈妈群体"。该产品的核心卖点是"省钱"，折扣力度低至五五折。

人们常说，孩子是家里的"四脚吞金兽"。像纸尿裤这样的消耗品的使用速度极快。每次给孩子更换纸尿裤时，妈妈们都仿佛能看到钱在悄悄溜走。

我们已有一段时间未推出纸尿裤促销活动了，部分妈妈可能面临"断货"风险，是时候囤货了！

今天，我们为大家带来了重磅福利：××纸尿裤限时折扣，低至五五折。有需要的宝妈们，请抓紧机会，切勿错过！

该案例从始至终聚焦于产品核心卖点，属于典型的硬广文案。经典文案框架通常需要与用户建立信任关系，并激发其购买需求。而硬广文案的适用场景是用户已具备一定的信任基础——这种信任可能源于对博主的认可，也可能来自对产品品牌本身的信赖，因此硬广文案无须通过文案额外构建信任。硬广文案的优势在于目标用户精准，产品转化率较高；但劣势在于内容传播性较弱，阅读量或播放量通常难以提升。部分人认为频繁推广产品可能影响粉丝体验，但关键在于选品逻辑——是为粉丝提供真实福利，还是单纯为账号谋求商业利益。

在文案创作领域，经典文案框架、软文文案框架和硬广文案框架是三种常见的结构拆解模型。结构拆解作为文案分析的首要步骤，能够使文案的脉络更加清晰。无论是长文案还是短文案，线上新媒体文案还是线下宣传物料，均可参照这三种文案结构拆解模型进行创作。

文案拆解是提升文案创作能力的基础训练方法，能有效帮助文案人快速度过新手阶段，实现专业能力的进阶。需要强调的是，这种练习应当是针对性训练而非机械模仿。我个人的建议是"针对薄弱环节进行专项拆解"。文案拆解模型的构建经验最初源于我在实际创作中遇到的困难——包括开篇设计、框架搭建等环节的构思障碍，这促使我开始系统分析优秀文案的创作方法。对于文案新人，我仍建议采用"针对薄弱环节进行专项拆解"的方法。例如，如果你在从观点陈述到产品介绍的过渡处理上存在生硬问题，就可重点拆解优质文案中自然流畅的过渡衔接。

第二节 仿写

文案创作能力的培养可分为拆解与仿写两个关键环节：拆解是输入过程，仿写是输出过程。通过系统拆解，文案人能够快速鉴别文案质量的优劣；而针对性仿写则有助于文案人将优秀文案的表达方式转化为个人创作能力。模仿是掌握大多数新技能的必经阶段。这一学习规律具有普适性——正如语言学习者需要模仿标准发音才能掌握地道表达，舞蹈初学者必须准确掌握基础动作才能进阶提升。如果基础较差，即使你投入再多练习也难以取得理想效果。

除了新人需要模仿创作，知名品牌也同样存在模仿创作行为。例如，东鹏特饮的广告语"累了困了，喝东鹏特饮"，与红牛早期的广告语"困了累了，喝红牛"存在明显的相似性。

掌握文案模仿能力，相当于站在巨人的肩膀上创作，与凭空想象相比，能够获得更高的起点和更广阔的视野。

一、文案三层仿写心法

文案仿写可分为三层：第一层是形似仿写，第二层是个性化仿写，第三层是灵魂仿写。此外还存在典型的"负一层"，即拒绝仿写——仿写的难点不在于技法，而在于心法。事实上，大多数技能学习都离不开模仿。以滑雪为例，初学者即使不专业也能勉强滑行，或在反复摔倒后摸索出一些技巧，但若想真正入门，仍需跟随教练进行系统学习。在这一过程中，学习者往往会力求100%复刻标准动作。学习者经过一段时间训练后便会发现，那些看似即兴的动作，其实都源于教练传授的基本功。因此，大家不必认为模仿不够高级，也不必认为仿写就不是真正的创作。文案创作同样是一门需要学习的新技能，而模仿与迁移正是掌握它的必经之路。

文案仿写的每一层都体现着不同的创作高度。

（一）第一层仿写心法：形似仿写

形似仿写主要指句式结构的模仿，即在优秀文案的句式框架中替换核心关键词。这种仿写方式尤其适用于同类产品的文案创作。

我的学员"飘"在文案学习的初期阶段，便在短视频脚本文案的开头进行了模仿创作。

因为是小品牌，
很多人看到我就划走了。
求求敏感肌的"仙女们"，
别再折腾自己了！

这段文案简洁有力，精准锁定了敏感肌用户群体。作为文案新人的习作，它通过模仿短视频脚本文案的形式，用简练的语言实现了目标用户的精准触达。

因为便宜，
很多人翻到我就划走了。
求求长斑的女人们，
不要再花冤枉钱了！

通过对比分析，我们可以清晰认识到形似仿写的实际效果。文案人只需选取优秀文案作为参照，就能创作出同等质量的作品。具体而言，上文的仿写案例仅保留了"很多人看到我就划走了"这一句式结构，其余部分包括产品定位、核心内容及具体表述均进行了原创性重构。这种创作方法本质上是对优质文案表达方式的学习和借鉴，但必须确保内容主体的高度原创性。

这里建议文案人将优秀案例存档，以便后续进行仿写练习。这种方法适用于短视频带货文案及直播脚本创作。形似仿写能帮助文案新人在短期内提升创作水平，也能助力资深文案人快速适应新领域，掌握不同行业的文案风格。

（二）第二层仿写心法：个性化仿写

形似仿写作为一种文案创作方法，能够实现快速入门并满足新领域文案项目的紧急需求，但其与专业级文案创作仍存在差距。部分从业者在掌握标题拆解等基础技巧后，常会产生困惑："为何相同句式结构在不同场景下，效果参差不齐？"究其原因，专业文案人的核心竞争力不在于文字形式的简单模仿，而在于对目标用户偏好的精准把握与匹配。

只做"形"的仿写，如同女生约会前敷急救面膜，只能获得即时效果。若想长期保持良好状态，则需要深入了解皮肤特性，精准选择适合自身肤质的护肤品并坚持使用。文案创作同理，套用相同模板时效果时好时坏，究其根本在于对底层逻辑的认知不足，忽视了投放平台调性与产品品类的匹配度。例如，温情类公众号平台就不适合采用短平快的短视频文案风格。要实现有效的个性化仿写，文案人需要与客户充分沟通，重点做好以下工作：首先，系统分析投放平台的受众偏好；其次，深入研究产品品类相关的个性化流量词、热门搜索词及标签词；最后，准确把握目标人群偏好的语言风格。这些要素才是实现高质量仿写的关键所在。

下面将通过文案市场中最常见的三大产品品类——时尚种草、美食推荐和知识课程的个性化标题案例，具体展示如何灵活运用模板进行个性化创作。

1. 第一类：时尚种草

时尚种草类文案涵盖所有与提升个人形象相关的产品，包括护肤品、化妆品、护发用品及时尚穿搭等。这类文案的创作要点在于运用数据化表达、对标高端竞品、精准捕捉目标用户的情绪需求，突出产品的即时使用效果。

这缕"香"，传承 500 年，穿在身上无形却"有型"！

懒美主义必看！风靡英国的 30 秒卸妆术！

5 招让你比同龄人年轻！"作弊式"抗老干货！

这三个标题均采用了感叹号和数字表达法，通过高频的情绪化输出，结合数字的直观呈现，营造出闺蜜日常交流般的生动氛围。由于时尚种草类产品的目标受众以年轻女性为主，此类简短有力、富有节奏感的文案风格，配合"有型""风靡英国"等具有感染力的词汇，能够有效激发目标用户的共鸣与购买欲望。

2. 第二类：美食推荐

美食推荐类文案通常采用富有感染力的词汇，通过文字激发读者的感官体验，同时运用数字突出产品的性价比优势。这类文案的主要展示场景集中在线上渠道，消费者选择线上购买食品的核心诉求往往在于获取比超市、便利店或菜市场更具竞争力的价格。因此，优质的美食推荐文案标题需重点把握以下要点：灵活运用情绪表达法与数字化呈现方式，并在语言风格上着重突出对食物口味与口感的生动描述。

买3斤送2斤！爆浆云南圣女果，肉厚多汁，甜如蜂蜜，微酸诱人。

"低至12.9元"，现摘现发陕西大黄杏，酸酸甜甜，一口爆汁！

土豆的8种新吃法，吃过3种以上的都是美食家。

"民以食为天"，美食品类作为大众刚需，其目标用户的首要关注点在于价格优势。由于水果、零食等商品在线上线下渠道均有销售，性价比自然成为消费者的首要考量因素，其次才是口感与风味。当产品价格确实不具备竞争优势时，文案应着重突出其美味特色，如＃成都超好吃的干锅鸭头、＃深海烤鱼心动餐厅。

3. 第三类：知识课程

知识课程类文案标题应突出用户学习后的成长与收获，通常可采用以下四种方法：数字法、反差法、悬念法和对话法，需着重体现"改变"而非单纯展示"结果"，仅呈现结果易显得浮夸，而强调转变过程更能引发普通学习者的共鸣。

别摆摊了！未来10年，这种赚钱方式更靠谱。

拆解 64 集 BBC 纪录片，每天看一集，英语水平超 9 成普通人……

上述标题案例通过运用"未来 10 年""64 集""超 9 成"等数字对比制造强烈反差，既营造悬念又增强对话感，有效展现了学习前后的转变过程。这种真实感的表达方式，能够显著提升知识付费产品的可信度。

以上三类常见产品品类的个性化文案创作方向仅供参考。需注意的是，优秀的文案并非放之四海皆准，相比简单的句式仿写，更重要的是准确把握品牌及产品目标用户的需求与偏好。

（三）第三层仿写心法：灵魂仿写

当下，许多人认为文字创作普遍流露出浮躁之气，但文字的沉淀未必依赖于"读书破万卷"式的传统积累——只要选取底蕴深厚的原文进行仿写，同样能够有效提升写作水平。灵魂仿写的精髓在于，在保持形似仿写与个性化仿写的基础上，更要深入把握并赋予作品应有的文学神韵。

仿写作品案例如下。

以前，

你很古朴，

人人都说你尊贵，

现在的你比从前更有魅力。

你曾是皇室血统的象征，

散发着橄榄油般的自然清香。

与那时的样子相比，

我更爱现在的你。

浪漫情调的瓶身，

晶莹剔透的水润质感，

馥郁香氛……

当时客户称赞案例文案"很有格调"，其实你可能想不到，这段文字正是借鉴了法国女作家玛格丽特·杜拉斯的小说——《情人》中的一段话。

仿写原文如下。

我已经老了，有一天，在一处公共场所的大厅里，有一个男人向我走来。他主动介绍自己，他对我说："我认识你，永远记得你。那时候，你还很年轻，人人都说你很美，现在，我是特地来告诉你，对我来说，我觉得现在的你比年轻的时候更美，那时你是年轻女人，与你那时的面貌相比，我更爱你现在备受摧残的面容……"

灵魂仿写是一种高阶的写作技法，能够帮助文案人突破创作瓶颈。其精妙之处在于，虽然每句话都基于原文进行形似仿写，却几乎看不出模仿痕迹。这种"句句在仿写，句句不像在仿写"的境界，正是灵魂仿写的核心价值所在。

二、卖点仿写

为什么会出现阅读量高但转化率低的情况？这就如同实体店铺客流量大却成交寥寥——问题往往出在产品卖点的说

服逻辑上。排除产品质量因素，销售环节的说服技巧起着决定性作用。

文案的标题、开篇语句等前导内容旨在引发用户共鸣，而产品说服逻辑则直接促成购买行为。有效的产品说服逻辑文案需通过一系列可信证据来验证产品品质、建立用户信任。掌握说服逻辑的仿写技巧至关重要——并非反复强调产品"有多好"就能自动转化用户。

经过系统梳理，我归纳出产品说服逻辑的六大核心要素：稀缺性呈现、工艺复杂性、权威背书、数据可视化、效果示范、创始人故事。当文案人遇到创作瓶颈时，可直接参照这些要素进行针对性仿写。

（一）稀缺性呈现

"物以稀为贵"这一亘古不变的真理，在当今原材料获取日益便捷的背景下更显其价值。那些稀有原材料、独特工艺、特定原产地产品，如野生中药材、百年传承的非遗手工艺等，因其稀缺性而自然彰显珍贵特质，极易唤起用户的珍视心理。

然而，用户无法直观地看到珍稀原材料转化为成品的完整过程，这种不可见性往往引发用户潜在的疑虑。无论是通过手机屏幕、电脑界面还是灯箱广告，如何让用户真切地感知产品的稀缺价值呢？这要求文案人运用具象化手法——通过呈现产地的实景图像、展示原材料的严苛筛选流程、采用类比凸显工艺的独特性等方式，用文字带领用户"亲眼见证"产品的诞生历程。

这罐晚安粉,不正是高端奢侈品吗?

该奢侈品品牌将仅用于高级珠宝的珍珠研磨成护肤粉,从原料层面就彰显出非凡的奢华品质与使用价值。

针对目标用户认知度较低的品牌,该案例通过两句话精准构建产品稀缺性:首句以"不正是高端奢侈品吗"的反问句式迅速激发用户好奇;次句通过"将仅用于高级珠宝的珍珠研磨成护肤粉"的原料降维应用,直观确立品牌高端定位。后续文案通过多维度论证持续强化这一稀缺属性。

1893 年,珍珠养殖技术创始人成功培育出第一颗人工珍珠,之后便创立了这个享誉全球的珠宝品牌。历经 12 年潜心研发,其终于实现球形珍珠的完美培育,这项连现代实验室都难以复制的"自然馈赠"。

126 年来,该品牌始终受到全球明星及名媛的青睐与追捧。

本产品创新性地以珍稀海水珍珠为核心成分。其原料精选自品牌自有珍珠养殖基地,严格选用培育难度极高的优质海水珍珠,确保成分更纯净,护肤功效更卓越。

上述文案从品牌历史溯源到养殖基地介绍,最终延伸至自然环境描写,始终聚焦"成分稀缺性"这一核心卖点。与文案新人常见的"广撒网"式写作(因专业度不足而堆砌多个卖点)形成鲜明对比,专业文案往往采用"纵深式"写作手法——通过层层递进的论证方式,引导用户逐步建立认知认同。

稀缺性本身就是产品的溢价点。产品的稀缺性卖点可以体现在多个维度：从原材料的珍稀、工艺大师的匠心独运，到生产环境的独特性、食品的新鲜度时效，乃至原产地的地域稀缺性等。若产品本身的硬件条件不足，文案人则可通过文案创意来强化稀缺感，用文字的力量营造出独特的价值体验。

（二）工艺复杂性

复杂工艺与稀缺性的底层逻辑相通，其核心在于向用户展示产品的制作过程，以"眼见为实"的方式增强信任感。几乎所有具备"奢侈品"属性的产品，都离不开复杂工艺的支撑。在文案呈现上，复杂工艺通常通过专业术语的精准运用、数据的直观呈现及语言的优雅表达来强化其价值。

这款工艺精湛的机械腕表堪称复杂功能的集大成者，其搭载的 3750 型机芯拥有 57 项复杂功能，由 2 800 余个精密零件构成。三位制表大师历时八年潜心打造，方成就这一机械杰作。观赏其机芯运转，犹如鉴赏一件精妙的艺术品。

"57 项复杂功能""2 800 余个精密零件""三位制表大师""八年潜心打造"——这些鲜明的数字本身就足以彰显其非凡的工艺价值，无须赘述。

在呈现复杂工艺时，关键在于专业术语的精准运用、数据的直观呈现及语言的优雅表达。诸多知名品牌深谙此道，如"屈臣氏蒸馏水 27 道净化工艺""厨邦酱油 180 天天然日晒"等表述，都是值得借鉴的范例。

（三）权威背书

消费者对初次接触的产品往往持审慎态度，但普遍倾向于信任权威来源，这一现象在心理学上被称为"权威效应"。权威效应指具有较高社会地位、专业威信或公众认可度的个体的言行更容易获得他人重视与信任。基于这一心理机制，商业领域常采用明星代言或专家推荐策略。当产品与权威形象建立关联时，消费者潜意识中会将其认知为更具可信度的品牌选择。

许多文案人虽然了解权威背书的重要性，但在实际写作时往往不得要领。其实，权威背书的撰写技巧可归纳为六个核心维度：明星 /KOL/ 网红博主推荐、权威供应商或代工厂背书、核心成分认证、专家权威推荐、权威机构报告，以及权威奖项或认证证书。

1. 明星 /KOL/ 网红博主推荐

俗话说，健康和美丽需要"内调外养"，这位女明星便深谙此道，长期保持着滋补养生的好习惯。

例如，她在产后复工期间，即便工作繁忙，仍坚持每日中午食用一碗鲜炖燕窝来调养身体，这一习惯已延续多年。作为二胎妈妈，她的肌肤依旧细腻白皙，整体状态轻盈灵动，少女感十足。

保养得当的女明星本身就具备较强的说服力，若以平易近人的方式展现她们的生活细节，能让用户既感受到专业可信度，又体会到真实亲切感。

2. 权威供应商或代工厂背书

在护肤品领域，新锐品牌常借助知名代工厂的行业背书来提升产品可信度。以完美日记为例，其三大核心代工厂分别为科丝美诗、莹特丽和上海臻臣。其中，科丝美诗为迪奥、圣罗兰、兰蔻等品牌代工，莹特丽为阿玛尼、古驰、海蓝之谜等品牌代工，上海臻臣为欧莱雅、雅诗兰黛等品牌代工。

3. 核心成分认证

由于氧气藻原料培育难度高、提取条件严苛且极易失活，国际知名护肤品品牌采用该成分的产品售价通常高达 4 000 元以上。

得益于与独家原料供应商的合作关系，以及采用先进的提纯技术，我们有效控制了生产成本。经过与品牌方的多轮协商，我们最终为大家争取到了前所未有的优惠价格！

在营销传播中，权威背书具有天然的消费者信任优势。高端品牌尤其能够为产品提供强有力的品质佐证。以本产品为例，其采用的原料与国际知名护肤品品牌同源，这一卖点能够显著提升产品的档次感。更重要的是，这种关联策略巧妙地建立了价格锚定效应：当消费者了解了国际大牌同类产品的价格定位后，再对比本产品不足其十分之一的售价，便能直观感受到极高的性价比优势。

4. 专家权威推荐

以舒肤佳和高露洁的广告为例，其中的人物形象常身着白大褂，旨在塑造专业医疗人员的权威感。同样，舒适达牙膏采用的"全球牙医推荐"宣传语，也是借助医疗专业人士的公信力为产品提供信任背书。

钉钉软件在初期推广阶段，便邀请了著名企业家李开复先生为其背书。李开复公开表示，"我们都在用钉钉，让工作更专注"。当其他企业家看到李开复都在使用该软件时，自然更愿意跟进采用。这种专家推荐策略，实质上为产品建立了极具说服力的品质背书。

5. 权威机构报告

专业机构出具的检测报告能够有效提升消费者的信任度。例如，产品质量检测报告、成分分析报告及环保等级认证报告等专业文件，都能为产品提供有力的品质证明。

6. 权威奖项或认证证书

产品获得的专业奖项和认证证书可作为权威背书的重要依据。例如，获得国际设计奖项或专利认证，能够有效证明产品的专业水准。对于知名度相对较低的奖项，我们可采用类比说明的方式提升认知度，如将德国红点设计奖比作"工业设计界的奥斯卡奖"，这种形象化的表述能帮助消费者更直观地理解奖项的权威性。

（四）数据可视化

在《思考，快与慢》一书中，作者丹尼尔·卡尼曼指出，阿拉伯数字仅需调动大脑的系统一（快速直觉思维），认知过程几乎无须费力；而中文数字相对复杂，需要调动大脑的系统二（缓慢理性思维），人们会进行有意识的思考。这一大脑认知特点对文案创作具有重要启示——相较于抽象的文字说明，数据、图表等可视化呈现方式能更快速地被用户感知和理解，因为人类大脑对数字信息具有天然的敏感度。

图 2-3 是空气净化器甲醛净化效果的数据可视化示意图。

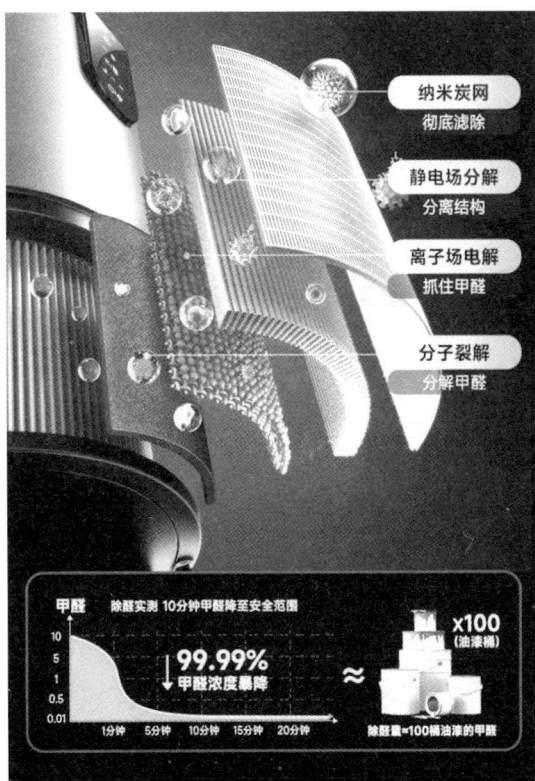

图 2-3　空气净化器甲醛净化效果的数据可视化示意图

这个案例的产品是空气净化器，其甲醛净化效果难以通过视觉化方式直观呈现。若单纯依靠文字描述，消费者往往难以迅速建立对产品的信任。然而，若能出示由权威检测机构出具的甲醛净化率数据，则能显著提升产品的可信度与说服力。

（五）效果示范

只看文案，消费者无法像在实体店那样亲身体验产品后再做购买决策。因此，专业文案需要通过精准的文字描述、数据佐证和效果呈现，帮助消费者在阅读过程中建立对产品功效的清晰认知，从而弥补无法实际试用的体验缺失。

衣物去渍湿巾效果示范如图 2-4 所示。

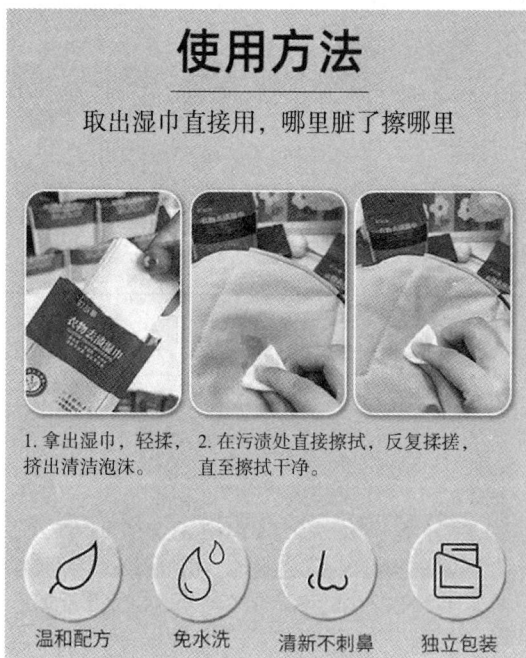

使用方法

取出湿巾直接用，哪里脏了擦哪里

1. 拿出湿巾，轻揉，挤出清洁泡沫。 2. 在污渍处直接擦拭，反复揉搓，直至擦拭干净。

温和配方　免水洗　清新不刺鼻　独立包装

图 2-4　衣物去渍湿巾效果示范

在文案创作中，千言万语有时不如一张图片直观。采用图文结合的形式呈现产品使用效果，能够帮助用户清晰看到前后对比。通常，示范使用方法的重点在于突出操作简便性，而示范功能侧重于展示实际效果。例如，"挂钩可承重一桶水而不脱落""行李箱表面可承受成人站立"等。这种图文并茂的呈现方式，能够有效提升用户对产品的信任感。

（六）创始人故事

在品牌传播中，情感共鸣往往能自然而然地让用户产生信任。例如，品牌珍珠粉的创始人通过塑造"在实验室潜心钻研 12 年"的严谨刻苦形象，强化了产品的稀缺性与高端价值，从而显著提升了用户对品牌的信任度。

在仿写创始人故事类文案时，大家需深入思考文字背后的核心卖点逻辑。当文案人能够模仿创始人故事叙事框架而非简单复制文字表述时，便意味着其专业能力的真正提升。

三、文笔仿写

优秀的文笔并非文案创作的核心要素，但能为文案表达增色添彩。相较于需要长期积累的文学创作，文案写作中的文笔能力可以通过针对性仿写快速提升。掌握仿写技巧的文案人，能够灵活驾驭多种文风。经过系统分析，优秀的文笔可拆解为四个关键维度：词汇运用、句式结构、情节设计和描写手法。基于此，我总结出四类仿写方法：词汇仿写、框架仿写、情节仿写和描写仿写。

（一）词汇仿写

案例原句如下。

到底是什么神仙品牌，让用户变成"传播"高手？

我的学员"柠檬藕片"的第一次仿写如下。

到底是什么文案课程，让学员连续不断地突破自己的兼职收入？

仿写后的文案标题存在降低阅读吸引力的问题，这反映出仿写不应流于形式。文案人需深入理解仿写的本质目的。案例中原句标题的亮点主要体现在三个方面：其一，"神仙"作为网络热词具有流量价值，但在仿写版本中被舍弃；其二，原标题通过"用户"到"传播高手"的转变展现了角色成长，而仿写版仍停留在"学员"这一静态身份；其三，"突破自己的兼职收入"的表述过于抽象，目标用户难以产生明确的身份认同。

以"到底是什么神仙技能，让普通人全变成变现高手"为例，这种仿写方式在不增减字数的前提下，完整保留了"神仙技能""普通人""变现高手"等关键表达。词汇仿写的核心要义在于：精准锁定并保留文案中最具吸引力的点睛词汇，确保其传播价值不受损耗。

（二）框架仿写

案例仿文如下。

"妈，这不能怪我，这次我们班同学都太厉害了，他们都超常发挥……"

"人家超常发挥？！那你呢？！你上次期末考试倒数第几啊？"

热播剧《少年派》中，女主角王胜男与女儿林妙妙在家长会后的对话情节引发广泛讨论，众多网友表示感同身受。作为备受关注的亲子题材剧集，该剧自开播以来，王胜男这一角色就以全方位"怼"女儿的形象深入人心，其言辞犀利直指要害。

不少观众感叹剧情似曾相识，印证了"同一个世界，同一个妈妈"的普遍现象。剧中展现的"中国式母亲"教育方式，既包含令人窒息的言语交锋，也不乏情绪爆发的激烈场面。面对母亲的管教，女主角从最初的隐忍到最终的情绪崩溃、离家出走，向观众生动呈现了现在亲子关系的典型矛盾。

案例原文如下。

"你一个大男人打女人！你还是个人吗？"

"那是你亲妹妹啊！你怎么下得去这种毒手？！"

热播剧《都挺好》中，女主角苏明玉遭遇二哥殴打的剧情引发观众强烈愤慨，相关话题迅速成为社交平台热议焦点。作为备受关注的家庭伦理剧，该剧自播出以来，苏明玉的遭遇始终牵动着观众的心。

剧中塑造的苏明玉形象被观众称为"最令人心疼的女主角"：其母亲重男轻女的思想根深蒂固，不仅迫使女儿离家出走，更间接造就了三个缺乏责任感的男性家庭成员。在母亲去世后，这些家人继续给苏明玉带来伤害。面对如此不堪的亲情关系，这位 39 岁的女主角多次情绪崩溃。

"苏家男性皆自私"的话题屡次登上热搜榜单，部分愤怒的网友甚至戏言要"众筹"教训剧中角色。剧中情节让观众深刻体会到"养女方知世道险"的现实意义。作为女性观众，在同情女主角之余，更应思考如何教育下一代学会识人辨事，远离剧中展示的不可靠人群。

仿文写得非常好，开头台词鲜活吸睛，衔接和过渡很自然。用户基本看不出来这是新人写的第一篇文案。实际上，仿文主要借鉴了原文的框架结构：首先运用富有情绪感染力的台词作为开场；其次通过"热播剧……"的句式引出剧情背景；最后借网友的评论展开对剧情的深度论述，从而点明主题思想。

框架仿写可以达到相当精细的程度。例如，原文开篇采用家喻户晓的电视剧热点情节，随后以精炼语句引出核心观点；仿写文本不仅同样以剧情热点开篇，以金句引出观点，甚至在篇幅控制上也保持高度一致——原文 300 字中 200 字叙述故事，100 字阐述观点，仿写文本严格遵循这一配比。更细致的仿写甚至会精确到句式位置。这种结构清晰的自媒体文章框架仿写方式，特别适合文案新人快速掌握并运用。

（三）情节仿写

文案人借鉴经典文学作品进行仿写，往往能创作出极具质感的文案作品。在早期与欧美八大奢侈品牌的合作中，为打造符合品牌调性的高端文案，我常采用从经典文学作品中延伸仿写的创作方法。这种创作方式主要运用情节仿写与描写仿写两大技巧。

案例原文：梁晓声作品《母亲》节选。

那一天我第一次发现，我的母亲原来是那么瘦小，竟快是一个老女人了！那时刻我努力要回忆起一个年轻的母亲的形象，竟回忆不起母亲她何时年轻过。那一天我第一次觉得我长大了，应该是一个大人了。并因自己十五岁了才意识到自己应该是一个大人了而感到羞愧难当，无地自容。

我鼻子一酸，攥着钱跑了出去……

那天我用那一元五角钱给母亲买了一听水果罐头。

"你这孩子，谁叫你给我买水果罐头的？！不是你说买书，妈才舍得给你钱的嘛！"

那一天母亲数落了我一顿。数落完了我，又给我凑足了购买《红旗谱》的钱……

我想我没有权利利用那钱再买任何别的东西，无论为我自己还是为母亲。

从此，我有了第一本长篇小说……

原文拆解如下。

1. 围绕"母亲"和"我"展开事件情节描写。

第一段为"起"，以回忆母亲青春已逝开篇。第二段为"承"，描写母亲年岁渐长，而我已长大成人。第三段融入个人情感，第四段叙述我为母亲购买罐头的报恩之举。第五段、第六段和第七段是"转"，先写母亲对我的数落，再写她为我攒钱购书的决定。最后一段为"合"，点明母亲多年的辛劳终有所值。

2. 运用技巧

心理描写即通过"那一天……竟回忆不起母亲……何时年轻过"的内心独白，生动呈现了叙述者的情感触动。全文采用第一人称视角，包括对母亲语言的转述也是通过"我"的听觉视角呈现的，以此深刻展现母亲含辛茹苦的良苦用心。

3. 标点符号的应用

"攥着钱跑了出去……"用一个省略号表达对母亲的愧疚。

末句"从此，我有了第一本长篇小说……"不仅蕴含自己的努力，也暗含对母亲的回报，更能引发读者对母子（女）深情的共鸣与回味。

我的仿写案例如下。

那一天我第一次发现原来一个好闻的味道，真的能够让女生的气质一下提升 10 倍！那一刻我努力回忆几年前第一次遇见香氛的情景，竟想不起是何年的初遇了。

那一天我第一次觉得我长大了，是个大姑娘了。我都 19 岁了，才意识到自己也应该是一个爱美的女子，我因此感到很不好意思、满脸羞红。

我小心翼翼地揣着钱去了 2 公里外的大商场……

那天我拿着那 50 法郎，在香水店铺门口徘徊了好几个回合，就又回来了。

"你怎么又没买成？！你辛辛苦苦攒这笔钱，不是为了拥有第一瓶属于自己的专属香水嘛……"

内心的声音，一直在我脑海里反反复复响起。我鼓起勇气又出门了……

为了与它相遇，我想我这次必须踏出这一步了。

从那天起，我开启了香氛之旅……

仿文采用了与原文相同的叙事结构，以"回忆"作为情节的起始点，通过"长大了"实现情节推进，继而以"徘徊了好几个回合"完成转折，最终以"开启了香氛之旅"收束全文。在写作手法上，仿文同样运用了细腻的心理描写，并恰当使用了省略号这一标点符号来增强表达效果。

仿文从母亲延伸至法国香水的主题，这一转折或许令人意想不到。下面再看另一个案例——我参照《老人与海》，再次仿写了一篇香水文案。

（四）描写仿写

案例原文：海明威的《老人与海》节选。

老人消瘦憔悴，脖颈上有些很深的皱纹。腮帮上有些褐斑，那是太阳在热带海面上的反光所造成的良性皮肤病变。褐斑从他脸的两侧一直蔓延下去，他的双手常用绳索拉大鱼，留下了勒得很深的伤疤。但是这些伤疤中没有一块是新的。它们像无鱼可打的沙漠中被侵蚀的地方一般古老。

他身上的一切都显得古老，除了那双眼睛，它们像海水一般蓝，显得喜洋洋而不服输。

原文拆解如下。

本段文字对圣地亚哥老人进行了全面的肖像描写。作者首先从整体外貌入手，通过消瘦的身材、憔悴的相貌、脖颈的皱纹及腮帮的褐斑，生动刻画出老人的年龄特征，同时凸显了他作为渔夫的身份特质。随后，作者聚焦于老人双手的伤疤，以此暗示他在捕鱼生涯中所经历的艰辛境遇。最后，作者通过对老人那双"像海水一般蓝"的眼睛的描写——显得喜洋洋而不服输——以神态描写的方式，深刻展现了其坚韧不屈的性格特征。

此外，文中运用了比喻的修辞手法，将老人手上的伤疤比作被岁月侵蚀的古老沙漠，这一意象生动地展现了伤疤的密集与沧桑感，从而侧面烘托出老人丰富的捕鱼经验。

这样的描写看似与香水毫无关联，但事实上，我正是以老人的外貌特征为灵感，将其转化为香水瓶的设计元素。

我的仿写案例如下。

黑色磨砂材质的玻璃瓶身，瓶颈处的衔接自然而顺滑。瓶盖上有些棱角，在太阳的映衬下，更显尊贵质感。暗黑磨砂材质的神秘从瓶盖延伸到瓶底，瓶身上印有古老的植物图腾，诉说着修道院的奇异世界。但这幅植物图腾没有一处是工业手笔。它们像从古老历史走来的生灵。瓶身上的一切，尤其是这幅图腾，是神秘与严谨的交织，是不惜跨越大陆的探索。

仿写文字首先借鉴了原文中将老人伤疤比作沙漠的修辞手法，将植物图腾延伸为"从古老历史走来的生灵"这一意象。随后，仿写文案从对人物外貌描写的仿写，自然地过渡到对香水瓶外观的艺术化描绘。

新手进行文案仿写时常见两个误区：一是仿写文案过度接近原文，存在抄袭风险；二是仿写痕迹过浅，失去参考价值。针对第一个误区，大家需重点把握对句式结构、行文风格及原文气质的模仿，但必须避免机械照搬，确保仿写内容与原文保持明显差异。第二个误区则表现为仿写操作不够规范，实质上仿写者已回归自由创作模式，具体表现为失去原文金句的核心特色或字数大幅超出原文字数。精细化仿写是有效的纠偏方法，其标准可归纳为以下三点：首先严格遵循原句式结构；其次控制字数与原文相当；最后完整保留原文亮点。这种精准模仿既能有效规避新人常见的语言冗长问题，又能帮助写作者快速掌握不同平台和领域的语言风格特征。需要强调的是，复制力是文案人的基础素养，这项能力不仅能助力文案新人快速成长，更能显著缩短职业适应期和提升期，帮助文案人顺利突破文案创作瓶颈期。

情绪力

第三章

增强情绪力

消费者做出购买决策的那一刻，真正促成交易的往往并非文案本身，而是用户通过情感驱动，自主完成了购买行为的逻辑自洽。

在商业文案创作中，情感的力量往往能够超越理性和逻辑的力量。正如许多人的伴侣并非完全符合世俗意义的理想标准，却能让他们义无反顾地奔赴——情绪感染力亦是如此。消费者做出购买决策的那一刻，真正促成交易的往往并非文案本身，而是用户通过情感驱动，自主完成了购买行为的逻辑自洽。

在消费行为中，我们往往有这样的心理过程：情绪驱动下的冲动消费，继而又通过理性逻辑进行自我说服——"迟早要用的，不如现在购买""确实物有所值，这个决定很明智"。这种现象揭示了情绪营销的核心机制：首先通过情感共鸣建立消费动机，继而用理性论证为消费决策提供合理支撑。有效的情绪营销绝非简单的情绪煽动或炒作，而是通过精准把握消费者心理，实现产品认知度、品牌影响力与销售转化的三重提升。在实际操作中，相较于单纯追求情绪引爆，更重要的是掌握情绪力的力度与方向，同时严守商业伦理底线。

◤ 第一节　调动情绪

情绪力是一把双刃剑。若文案人运用得当，便能以较低成本获取大量有效用户；反之，则难以达成预期效果。掌握情绪力的力度与掌握拳势有异曲同工之处——出拳既要凌厉，又要懂得适时收回。调动情绪力主要体现在两个方面：一是打击面的精准度，二是潜在目的的引导性。此处的"目的"包括转化销售、提升知名度、塑造人设等商业目标。孔子曾言："随心所欲，不逾矩。"此言精准诠释了情绪力的运用之道——在收放自如中恪守边界。

情绪力主要体现在两方面：调动情绪和经营情绪。情绪的共鸣感与感染力渗透于文案的每一个字、每一个断句、每一个标点符号之中。情绪力并非简单的情感渲泄，也非高声叫卖式的鼓动，更非哗众取宠的表演。真正高明的情绪力，恰如一位演技精湛的演员——无须夸张的肢体语言，有时仅凭一次回眸或一个眼神，便能瞬间引发观众的共情。这种共情并非仅仅让观众沉浸于内容情节，而是让观众联想到自己的人生。例如，王老吉在母亲节推出的文案"听妈妈的话，不让她上火"，即在恰当的时间节点，以精准的情绪力，成功引发广泛的情感共鸣。

一、情绪基本面

运用情绪力的首要步骤并非追求煽情技巧，而在于深入洞察用户需求。文案人需要精准把握三个关键维度：目标用户群体定位、核心用户的兴趣偏好及用户当前的情绪状态。文案人只有建立在这一认知基础上，才能实现精准有效的情绪引导。下面展示的是我的学员"三分明月落"在入职初期，作为文案新人完成的作品。

不少人认为鲜艳的红唇只适合年轻女性,亮丽的发色仅属于青春男性,而少女心更是少女的专属特质。

事实上,在追求美的道路上,没有应该做,只有喜欢做。

遇见合拍的人要比遇到让你动心的人更难得,因为你会渐渐发现"有话聊"是维系一段感情的基本要素。

在这个世界上,没有人有义务等待另一个人,维持任何感情或关系都需要双向努力。

深海喜欢浮在海里的鲸鱼,它听着鲸鱼的呼吸,心怦怦直跳。深海喜欢长在它身体里的珊瑚,安徒生童话中的美人鱼,曾经躲在珊瑚丛后唱过歌。

这几段文案是不是很有诗意?从这几段文案中,你能判断出产品是什么、面向哪些用户吗?第一段文案提到"少女心更是少女的专属特质",产品似乎面向的是中年女性;第三段文案强调"动心""有话聊",像是面向年轻情侣;而第五段文案引入美人鱼的童话故事,又似乎瞄准了喜爱童话的女孩。几段文案的目标用户年龄跨度较大,从"喜爱童话的女孩"到"恋爱中的女性",再到"仍怀少女心的中年女性",人群画像不够精准。问题的根源在于,文案撰写者未能明确目标用户群体。那么,产品究竟是什么?其实是同一系列的珠宝项链。

为什么必须准确把握目标用户的情绪基本面?许多文案新人往往陷入一个误区:过度追求文笔技巧和情绪渲染,导致创作风格华而不实,最终脱离目标用户需求。这类文案虽然形式精美,却难以实现商业转化。这种现象可以用导弹制造来类比：一枚价值上亿元的导弹，其炸药成本占比微乎其微，关键在于精准制导系统。同理，优秀文案的核心价值不在于华丽的辞藻，而在于能否精准地完成三个关键目标：吸引目标用户、留住目标用户、实现用户转化。

如何准确识别目标用户并构建精准的用户画像？许多文案人常将用户画像简单等同于人口统计标签，如"北京奋斗青年""中年宝妈""都市银发族""小镇青年"等。然而，在实际文案创作中，这类粗放型标签往往难以发挥有效作用。原因在于缺乏对用户群体的精细化分层。以"中年宝妈"为例，一二线城市与小县城的宝妈群体在学历背景、知识结构、教育环境及育儿期望等方面存在显著差异，这些细微的情绪基本面差异将直接影响文案的传播效果。例如，"一线城市的30岁妈妈"这个标签可能包含两种截然不同的用户画像：一是"居住在一线城市核心商圈，30岁的职场精英女高管"；二是"定居在一线城市郊区，30岁且面临家庭关系困扰的全职主妇"。由此可见，构建有效的目标用户画像需要综合考量用户的地理位置、教育水平、生活方式及兴趣偏好等多个因素，文案人应通过精细化标签体系建立立体的人群模型。

爱因斯坦曾说过，如果给我1小时解答一道题，我会花55分钟弄清楚这道题到底在问什么。一旦我明白了它到底在问什么，便能够在剩余的5分钟内做出充分的回答。这一理念同样适用于文案创作——若在动笔前未能准确把握目标用户的情绪基本面，文案人很可能陷入盲目写作的困境，最终导致方向性错误，使所有努力付诸东流。文案创作的本质在于用户洞察。优秀的文案作品始终以用户为核心，文案人在从平台期到顿悟期的进阶过程中，能够清晰地感受到自己对目标用户情绪基本面理解的逐步深化。

（一）分析目标用户时常犯的两个错误

研究表明，90%的文案新手在分析目标用户时都会犯两个错误，即太笼统和以自我为中心。

1. 太笼统

太笼统，就是目标用户的定位过于宽泛，文案人试图同时覆盖不同年龄层和性别的群体。例如，笔记本电脑的目标用户被笼统地定位为想买笔记本电脑的人，鼻炎药水的目标用户被笼统地定位为鼻炎患者。若文案人未能明确用户群体，即使产品定价再具竞争力也难以实现有效销售。不够精准的用户描述，往往难以指导有针对性的营销内容创作。

低价从来不是真正的卖点，"你恰好能提供用户需要的产品"的情感共鸣才是核心卖点。以洗发水为例，文案人可以通过产品卖点逆向推导目标用户画像。具体而言，通过回答以下关键问题——"产品具有哪些功效""产品适合哪些人群使用""目标用户是男性还是女性""产品定位属于平价、中端还是高端"，文案人就能准确分析出目标用户的情感需求，明确用户当前面临的主要困扰，以及亟待解决的具体问题。

2. 以自我为中心

以自我为中心，就是把自己的情绪基本面当作目标用户的情绪基本面。如果文案人刚好是产品的资深用户，或许无须市场调研也能准确把握卖点，那么可以把自己的情绪基本面看作目标用户的情绪基本面。但若不具备这一优势，很多文案人可能像我的学员"茵茵"一样，在初稿阶段因误判用户需求而闹出大乌龙。

身在北京的程序员"茵茵"是我最早的一批学员，她早在几年前就已掌握商业文案的核心逻辑，仅靠兼职撰稿便轻松实现月入过万。但她在初期创作时也曾犯过令人啼笑皆非的错误——在为某款吹风机撰写文案时，她反复强调"脱发"这一痛点。我询问："难道这款吹风机具备防脱发或治疗脱发的功能？"她的回答让我哭笑不得："一方老师，我觉得吹风机就是导致我脱发的罪魁祸首，我每次吹头发都掉一大把！"如今回想起来，这个错误或许显得滑稽，但这也恰恰说明：当文案人仅凭个人主观感受，不做市场调研时，很容易陷入认知误区，甚至闹出乌龙而不自知。

在描述目标用户的画像时，文案人不应笼统地考虑某一群体，而应将目标用户视为具体的个体。深入了解一个人，往往能更有效地理解其所代表的群体。当目标用户涉及多类典型人群（如线上钢琴课程的目标用户可能包括学生、上班族和宝妈）时，文案人可采用以下两种方法：将每一类人群具象化为单独的个体，分别制作三份用户画像；归纳这三个个体选择线上钢琴课程的共同动机，基于这些共性来构建统一的用户画像。

（二）精准描绘用户画像的四种方法

通过对大量优秀文案的深度分析及上万次实践，我总结出四种实用的目标用户画像构建方法，包括产品卖点倒推法、目标人物定位法、24小时场景分析法和大数据情绪推测法。

1. 产品卖点倒推法

文案人可以先分析产品能满足用户的哪些需求，再来反向推导目标用户画像的情绪基本面。目标用户的情绪基本面主要体现在"担心什么"和"追求什么"两方面。例如，一款高倍数防晒润唇膏，与普通润唇膏相比，更适合经常去海边及高海拔雪山的人群，目标用户的情绪基本面基本可以确定为担心在户外被晒黑和晒伤，害怕户外运动影响日常生活。有这类担忧的目标用户往往在意外表（可能源于个人审美追求或职业需求），同时热衷户外活动（包括户外运动或休闲度假）。文案人只需把握这一条核心卖点，便可准确推导出产品的目标用户画像。

年龄范围：20~40岁。

性别：以爱美女性为主，同时涵盖注重运动的男性。

标签：专业运动员、户外运动爱好者、旅行达人、冒险爱好者。

收入水平：中等偏上。

居住地：一二线城市。

情绪基本面：担心户外活动导致唇部晒伤、脱皮或晒黑，

104

以及影响日常社交形象；热爱户外运动，重视户外运动的品质与细节。

2. 目标人物定位法

目标人物定位法是指通过对产品的目标用户进行深度访谈来获取关键信息的一种调研方法。以我承接的一款鼻炎药水文案项目为例，由于我本人并非鼻炎患者，难以真切体会目标用户的困扰。为此，我专门访谈了数位鼻炎患者，从关怀的角度出发，设计了系列问题："每年哪些季节容易引发鼻炎症状""鼻炎发作时曾遇到过哪些令人困扰的场景""使用过哪些鼻炎治疗产品""这些产品存在哪些不足之处"……

通过与目标用户——鼻炎患者的深入沟通，我迅速掌握了他们的核心需求和痛点。这种精准调研不仅让我获取了一线用户的反馈，还总结出了一线用户对产品普遍期待。基于这些洞察撰写的文案最终取得了优异的销售业绩。通过分析鼻炎患者的需求与产品卖点的匹配度，我们可以初步构建目标用户画像，具体如下。

年龄：以 18~35 岁人群为主。

性别：男女均有，男性占比略高。

标签：长期受鼻炎困扰。

生活状态：鼻炎影响学业，导致记忆力下降、学习效率降低；在职场上因鼻炎经常出现尴尬情况；在相亲或约会时因鼻炎产生不适体验。

居住地：主要集中在一二线城市，三四线城市也有一定比例。

消费习惯：把健康放在第一位，用过各种鼻炎产品但效果不太理想。

情绪基本面：担心鼻炎影响学业、事业及社交关系；担心产品的使用方式可能带来尴尬；担心产品有副作用；换季的时候鼻炎会更严重，焦虑情绪加剧。

3.24小时场景分析法

24小时场景分析法是一种基于目标用户真实生活场景的文案创作方法。该方法通过模拟用户全天24小时可能遇到的具体情境，挖掘产品与使用场景的契合点。很多时候，优秀的文案并非单纯推销产品，而是精准呈现产品的使用场景。在具体操作时，文案人可设想目标用户从清晨到深夜的完整生活轨迹：早餐时间、通勤途中、办公室会议、商务洽谈、下班购物、居家追剧等不同场景。通过分析用户在不同场景可能遇到的问题，文案人便能找到最适合推荐产品的时机。

当用户清晨站在洗手台前，睡眼惺忪地挤牙膏、机械地摆动手臂刷牙时，内心感叹"好累啊"——此刻，一款智能电动牙刷的推荐是否正中其需求？又或是当用户结束一天工作回到家中，面对凌乱散落的衣物、杂乱的沙发时，那份期待中的放松心情瞬间消散——这时，一套便捷的收纳解决方案是否满足其需求？当用户产生"这正是我需要的"强烈共鸣时，消费决策便水到渠成。这种"你想要的，我刚好就有"的精准匹配，正是场景化营销的核心价值所在。

通过 24 小时场景分析法，我们可以得出这款便捷的收纳解决方案的目标用户画像，具体如下。

年龄：20~35 岁的年轻群体。

性别：男女均有需求，女性用户占比更高。

标签：上班族，以单身人士为主。

生活状态：工作忙碌，收入中等偏上，注重生活品质。

居住地：主要集中在一二线城市，以独居为主。

消费习惯：对精致生活有追求。

情绪基本面：担心朋友来家里的时候看到家里比较乱会影响自己的形象；为了有一个舒适的独居环境，取悦自己。

4. 大数据情绪推测法

互联网平台的用户画像数据能够为文案人提供客观的参考。以电热饭盒为例，当你在淘宝平台搜索"电热饭盒"后，通过点击"筛选"功能，能够查看不同价格区间下的用户选择比例，具体如图 3-1 所示。

你在京东平台搜索"电热饭盒"并点击"筛选"功能，同样可以获取类似的用户偏好数据。此外，京东平台还会提供市场销量排名靠前的电热饭盒的品牌信息，具体如图 3-2 所示。

这类数据属于基础市场数据。文案人若能获取平台后台权限，则可获得更精准的用户画像信息。例如，淘宝平台的

"生意参谋"和"数据魔方"、抖音平台的"飞瓜数据"、小红书平台的"蝉妈妈"等专业分析工具，以及短视频平台和公众号后台的"用户画像"功能，都能提供多维度的用户数据。这些工具涵盖用户年龄、性别、地域分布、搜索热词、兴趣领域等关键维度，能够有效帮助文案人深入分析用户兴趣点，为内容创作提供数据支撑。

公众号后台的用户年龄分布示例如图 3-3 所示。

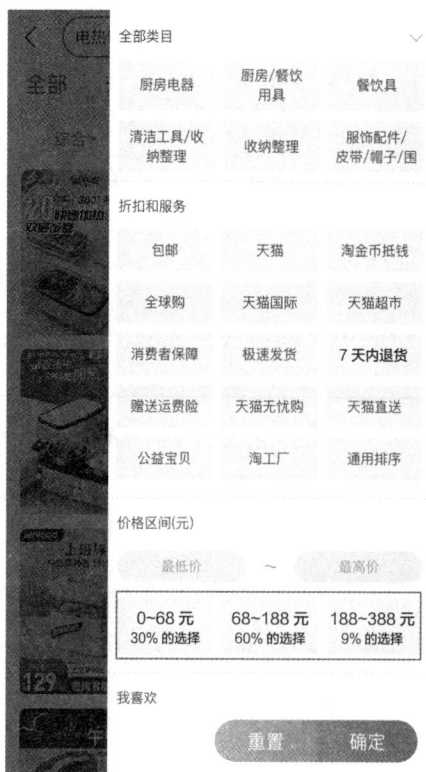

图 3-1　淘宝电商平台搜索示意图

参加 "AI数字人" 和新媒体创作大赛

高顾价值8888元的礼包大奖。

将所学
为所用

实操 ＋ 学习 ＋ 一方来自点评 ＋ 赢大奖

参赛有机会获得

☑ 8888 元礼包大奖；
☑ 照科技 AI 数字人软件的 7 天使用权限；
☑ 沈硕记鹏大礼包；
☑ 一方老师价值 99 元的 "新媒体人从 0 创业路径图"；
☑ 名企实习机会。

更多活动详情，作者一方将在参赛群与你交流，关注微信公众号
"一方营销进化论"，回复 "新媒体创作大赛" 或 "参赛"

关注公众号回复 "共读"，一方老师带你深度学习。

加入参赛群，
了解更多详细介绍，
期待你来！

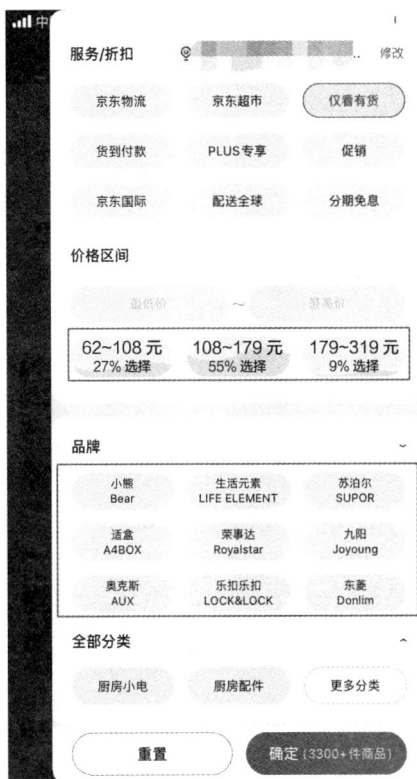

服务/折扣　　　⊙ ▨▨▨▨　..　修改

京东物流	京东超市	仅看有货
货到付款	PLUS专享	促销
京东国际	配送全球	分期免息

价格区间

最低价 ～ 最高价

62~108元	108~179元	179~319元
27% 选择	55% 选择	9% 选择

品牌　　　　　　　　　　　　　　　⌄

小熊 Bear	生活元素 LIFE ELEMENT	苏泊尔 SUPOR
适盒 A4BOX	荣事达 Royalstar	九阳 Joyoung
奥克斯 AUX	乐扣乐扣 LOCK&LOCK	东菱 Donlim

全部分类　　　　　　　　　　　　　⌃

厨房小电	厨房配件	更多分类

重置　　　　确定（3300+件商品）

图 3-2　京东电商平台搜索示意图

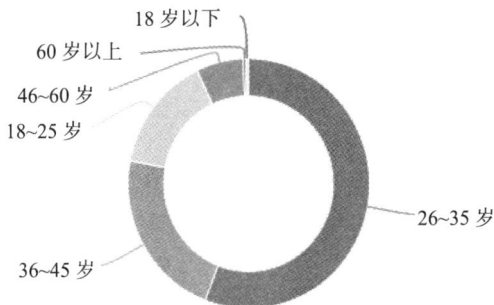

图 3-3　公众号后台的用户年龄分布示例

公众号后台的用户地域分布示例如图 3-4 所示。

地域	用户数	占比
广东省	239 709	22.59%
北京市	93 655	8.83%
上海市	88 798	8.37%
浙江省	75 404	7.11%
江苏省	68 038	6.41%
山东省	49 240	4.64%
湖南省	40 577	3.82%

图 3-4　公众号后台的用户地域分布示例

公众号后台的用户获取渠道构成示例如图 3-5 所示。

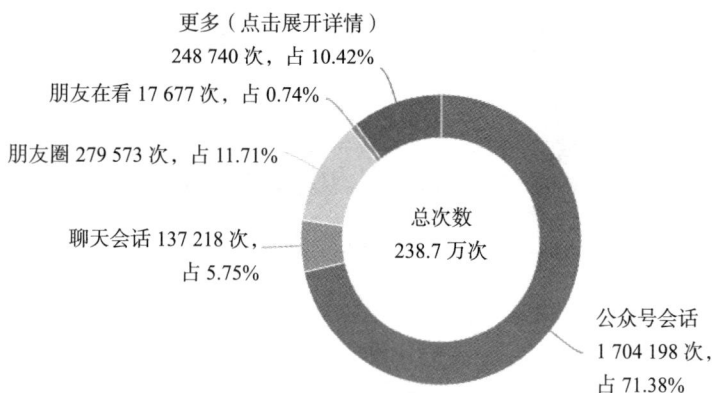

图 3-5　公众号后台的用户获取渠道构成示例

以下是我的学员"柠檬很甜"针对除湿电器产品，通过百度指数进行市场调研的案例。

在百度指数平台搜索关键词"除湿电器"后，数据显示目标用户主要集中于广东、广西、四川、重庆、贵州、湖南等地，以及东南沿海一带。这一数据能够帮助文案人更精准地把握用户使用场景，同时为广告投放提供地域定向依据。

除直观数据外，文案人还可通过淘宝、京东等电商平台的用户评论获取产品真实反馈。此外，小红书、抖音等社交平台上的博主测评及产品评测内容，亦能帮助文案人快速了解产品品类的市场反响，进而推断目标用户的基本情绪面。

下面分享一份目标用户画像大纲，其从年龄、性别、职业、生活状态、居住地、婚姻状况、消费习惯及情绪基本面等多个维度分析目标人群。在分析用户画像的过程中，文案人可综合运用以上四种方法。

年龄：25~35 岁为主。

性别：男女均有，女性占比为 72%。

职业：上班族、全职妈妈。

生活状态：快节奏生活，工作繁忙，育儿压力大。

居住地：一二线城市。

婚姻状况：已婚已育。

消费习惯：中等或偏上收入，育儿消费优先，自身消费偏务实。

情绪基本面：焦虑点，即担心自身容颜衰老，经济压力大，担忧孩子成长（外貌、智力、用品安全性），对婚姻稳定性存在隐忧；期望点，即家庭美满，孩子健康懂事，丈夫顾家，育儿轻松，经济宽裕。

二、五种情绪

在深入分析目标用户的情绪基本面后，文案人需要有针对性地匹配情绪。我总结的情绪力涵盖五种最为普遍且极具感染力的情绪，即喜、怒、哀、惧和"归"。

（一）喜

"喜"的案例如下。

小鲜偶然间发现，橙子还能这样吃？！这也太诱人了吧！果粒都化成果汁，乳白且透明的瓣膜若有若无，直接吸一吸，整个橙子都能被吃掉。丝毫不费力！你完全不用艰难地剥皮！

上述案例的情绪力不仅体现在文字上，每个标点符号都在传递快乐情绪！

另一个有关"喜"的案例如下。

方方真的是好绝一女孩子！
她的个人魅力超强。
我和身边很多朋友说起她就忍不住夸奖，
我可太爱她了。
虽然我们认识不到 100 天，
但是她完全颠覆了我对文案创作的看法。
自从跟她一起做事，
我感觉一切皆有可能。

"好绝一女孩子""个人魅力超强""忍不住夸奖""完全颠覆""感觉一切皆有可能",一连串的描述很有感染力,分分钟调动读者情绪。"喜"的应用场合较广,尤其适用于产品推荐和产品体验类文案创作。

(二)怒

"怒"的案例如下。

已确认! 88人全部辞退,永不录用。

西安地铁女孩事件进展,就这?

这两个标题均不是产品营销文案,而是内容营销文案,其核心目标在于实现广泛传播。这两个标题获得广泛传播的背后离不开"怒"的情绪。

第一个标题中的"已确认""辞退""永不录用"带有强烈的情绪色彩,准确传达了公众对企业舞弊行为的愤怒,成功引发了群体共鸣。第二个标题的策划背景是"西安地铁女孩事件"已过去四天,按照传播规律,相关文案已错过最佳热点时效。但基于当时公众仍持续关注事件后续进展,且情绪以愤怒为主,我采用具有悬念的标题文案"就这",最终实现了近10万阅读量的传播效果。

愤怒情绪的表达不仅契合了读者的心声,更以犀利的言辞代读者批判了他们所不满的对象,因而极易引发共鸣。然而,大家在运用"群体性愤怒"时需谨慎把握尺度——既要

3秒下单文案：
4步成交法则

有效调动公众情绪，又要符合社会公序良俗。需注意的是，在表达愤怒时，应避免使用过于个人化或带有强烈私人情绪的措辞，以维持公众讨论所需的理性边界。

（三）哀

"哀"的案例如下。

这两天，随着天气越来越热，蚊子猖獗，办公室里抱怨声此起彼伏。

"蚊子整夜嗡嗡作响，吵得我一晚上睡不着觉，黑眼圈都加重了！"

"宝宝一整晚都睡不安稳，早上我发现他身上有好几个包，脸还被抓破皮了，实在令人心疼。"

"我在办公室坐了一小会，腿上就布满蚊子叮咬的包，痒得简直没法好好工作。"

"哀"作为一种情绪，主要表现为伤感、失落与沮丧。虽然被蚊虫叮咬看似微不足道，尚不足以引发愤怒，但字里行间流露出的烦闷与不快却显而易见。这种略带消极的情绪基调——些许不满、几分无奈，恰恰反映了当下许多年轻人的普遍心理状态。

（四）惧

"惧"的案例如下。

"再打呼，就分床！"

这不是玩笑。近日，我的一位朋友就因无法忍受丈夫如电钻般的鼾声，最终选择了分床而居。事实上，这种现象并非个例——据统计，中国约有 7 000 万人受到鼾症困扰，其中不少夫妻甚至因此走向离婚。

恐惧是最容易被调动的情绪，案例的精彩之处在于不像平常文案一样把打呼噜和健康联系在一起，而是把打呼噜与离婚的恐惧联系在一起，这一点非常新颖。

要注意的是，很多文案人喜欢强调"恐惧心理"，好像恐惧情绪是一把万能钥匙。增强情绪力不是一味地加大情绪力度，如果文案引起用户的不适，恐惧情绪只会起到反效果。

（五）"归"

"归"指归属感，归属感有两层含义，第一层是对地域的"归属感"，体现为爱国主义情怀、乡土情结及对同胞的认同感；第二层是情感层面的归属，涵盖孤独、温暖、感伤等情感体验。

构建地域归属感需要实现内外维度的统一。具体表现为：其一，对外，强调集体认同，如以"让巴黎看见中国的美"为代表的爱国主义传播主题，往往能引发广泛共鸣；其二，对内，聚焦群体维护，包括对同胞情谊、故土乡愁及生活城市的认同感等情感联结。

"安徽这座城，将超越深圳"是我与团队为董坤老师策划的短视频爆款作品，该视频播放量已突破 200 万次。这类地域性内容能够有效激发国人的归属感。该案例通过运用爆款标题的反差元素，同时引起关注安徽和深圳两座城市的受众的关注，成功引发读者对合肥"科技"发展的归属感。案例开头如下。

百年中国看上海，四十年中国看深圳。但如果要问中国哪座城市的发展速度比深圳还快，答案只有一个——合肥。没错，正是安徽的合肥。2000年，合肥的GDP仅为369亿元，在全国城市中排名第97位；而到了2021年，其GDP已飙升至1.14万亿元，跃居全国第19位。短短21年间，合肥的经济总量增长了28倍，成为中国经济增速最快的城市，被誉为"中国最大黑马城市""中国最牛的风投城市"。那么，这座曾经不起眼的小城，究竟做对了什么，才能实现如此惊人的逆袭？

地域归属感极易引发传播效应，以这篇讲解安徽的短视频文案为例，无论是曾到访安徽与深圳的游客、安徽本地居民，还是对安徽怀有特殊情感的人群，不论其是否认同视频的观点，都可能产生转发冲动。我此前运用地域归属感创作过多篇爆款文案，如"你逃离的北上广，下一代还是得爬回来""上海向左，杭州向右""这4个城市才是'新一线'该有的样子""来了这座温柔乡，我不想努力了""这里装得下你的野心，也容得下你的眼泪"。

孤独、温暖、伤感，始终是每一代年轻人共同的情感主旋律。孤独并非只有消极意味，它也可以代表一种享受独处的精致主义。对当代年轻人而言，这种略带矜持与傲娇的孤独感，往往具有难以抗拒的吸引力。

孤独的案例如下。

××微醺，一个人的小酒。

终于，我把自己还给自己了。

——某品牌预调鸡尾酒

如果我有足够的钱，我不需要结婚，也不需要朋友，我就想孤独地生活。

——探探

孤独正逐渐成为新一代年轻人的情感主旋律，与孤独相关的内容往往能引发用户的广泛传播。在第一个预调鸡尾酒的案例中，"一个人的小酒"这种文案精准击中了都市青年的心理诉求——"终于，我把自己还给自己了"的独处宣言，恰恰展现了现代年轻人对孤独时光的珍视。第二个案例的产品是一款面向年轻人的社交软件，其营销策略颇具深意：为何不强调"社交"功能？因为不孤独的人本就不需要社交软件，而孤独才是促使人们选择线上交流的根本动因。

温暖同样能够有效唤起人们的归属感。这种情绪虽不浓烈，但能精准触及用户内心最柔软的部分。一些文案的表达看似平淡寻常，却往往能直击用户心灵，甚至引发用户强烈的情感共鸣，具体案例如下。

NO BODY IS NOBODY，没有一种身材，是微不足道的。

——"内外"内衣

突然发现，成长就是不断给生活增加新的收货地址。

——美团 App

第一个案例来自"内外"内衣，文案主张尊重每一种身材，通过帮助女性缓解身材焦虑，倡导自我接纳的温暖理念，成功实现了市场突围。第二个案例是美团 App 的营销文案，文案巧妙地从生活细节切入，将"成长"与"增加新的收货地址"这一日常行为连接起来，深化了品牌与用户生活的关联性。

孤独有度，温暖也有度，温暖很容易引起人们的分享欲，带来传播。喜、怒、哀、惧和"归"是很具传播性的五种情绪，容易引起目标用户的共鸣，同时大家也要注意把握情绪力的力度与方向。

三、情绪力五维故事模型

传播学领域有两项公认的难题：一是把别人的钱装进自己的口袋，二是把自己的认知装进别人的脑袋。而情绪力五维故事模型，恰恰能有效解决这两个难题。正如《人类简史》所述：智人之所以能够打败其他人类，就是因为有强大的沟通能力。事实上，自远古时代起，故事就是人类最主要的沟通方式，这种对故事的天然亲和力已通过数百万年的进化深植于我们的基因之中。优秀的叙事策略能够将抽象的数据转化为富有情感张力的内容，从而精准触达用户的深层心理需求。

写谁的故事？从什么角度写？如何设计故事情节？如何奠定故事情绪？如何把故事写进用户心里？如何让用户在故事中看到自己？如何用故事打开用户的钱包？靶心人公式、ICAP 模式和英雄之旅是目前市面上较为知名的三大故事模型，具体内容如表 3-1 所示。

表 3-1 三大故事模型

理论名称	提出人	出处	理论核心	理论出发点
靶心人公式	许荣哲	《故事课 1》 《故事课 2》	目标、阻碍、努力、结果、意外、转变、结局	故事内在规律
ICAP 模式	哈迪娅·努里丁	《故事力法则》	确定故事寓意，找到故事焦点，安排故事顺序，塑造故事布局，增强故事效果	故事要素
英雄之旅	约瑟夫·坎贝尔	《千面英雄》	• 普通的世界 • 冒险的召唤 • 对冒险的拒绝或抵触 • 与智者相遇 • 穿越第一个极限 • 测试、盟友、敌人 • 接近深层洞穴 • 严峻的考验 • 得到嘉奖 • 回去的路 • 复活 • 满载而归	类型化情节

如果说普通人讲故事只要做到有趣就行，那么文案故事的每一个字都承担着销售转化和品牌推广的责任。文案故事的情绪力旨在激发目标用户的情绪共鸣，引发用户思考并促进用户行动。至于要激发用户的何种情绪、让用户产生什么想法及采取什么行动，则需要文案人结合特定场景、目标用户及讲述者的传播目的来精心设计故事的人物角色和情节架构。基于此，我独创了"情绪力五维故事模型"，涵盖我、域、"呦"、包、藏五个要点，如图3-6所示。

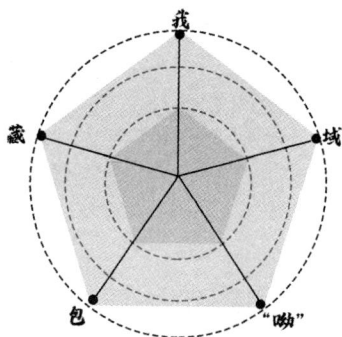

图3-6　情绪力五维故事模型

（一）我

无论是"他"的故事还是"你"的故事，本质上都是"我"的故事。在创作的第一步，我们需要深入洞察目标用户群体，分析其情绪基本面及对应的心理状态，从而有针对性地构建故事要素。"我"这个要点的核心目标在于让用户产生强烈共鸣，使其在阅读时不由自主地认同："对，这就是我！

说得太对了！"

运用情绪力五维故事模型创作用户故事，能够帮助目标用户在叙事中找到自己的影子。例如，某新兴国货护肤品牌通过精准运用情绪力五维故事模型创作文案，成功触达目标用户的情感需求，使这个创立不久的年轻品牌迅速积累起首批忠实用户群体。

> 作家马克·吐温说，
>
> 皱纹，
>
> 是微笑存在过的痕迹。
>
> 碰杯时开怀大笑，
>
> 恋爱时止不住的甜蜜，
>
> 经历过的故事，
>
> 总会留在脸上，
>
> 变成眼角的细纹。
>
> 本文预告一支新品眼霜，
>
> 人生啊，难免有故事，
>
> 但还是希望细纹来得晚一点。

这段文案以名人金句作为开篇，精准契合 20~35 岁目标人群的审美偏好，随后以"人生啊，难免有故事，但还是希望细纹来得晚一点"这一金句，巧妙地将人生阅历与肌肤细纹联系起来，从而自然过渡到产品功效的推介。

我可能是朋友圈里最早开始用眼霜的人。

作为眼霜的忠实使用者，我从 20 岁就开始坚持使用眼霜。

朋友们常笑我过分讲究，说眼霜是40岁以上人群的专属。

但在我看来，使用眼霜不是为了等眼纹出现才补救，而是为了预防细纹的产生——这就是我的眼霜哲学。

——大发，22岁，应届毕业生

发现第一条细纹的那一刻，我忽然意识到自己长大了。

连续加班一个月后，某个深夜，当我卸完妆准备敷面膜时，镜子里那道突兀的眼角细纹让我怔住了。就在那个瞬间，我明白自己需要开始使用眼霜了。

原来成长就是，终于懂得要好好爱惜自己。

——摇啊摇，25岁，品牌文案人

眼角的细纹见证着我作为母亲的付出。

自从有了女儿，我的生活重心就完全转移到了孩子身上。每天清晨的接送、夜晚的功课辅导，让睡眠成了奢侈品，连眼角的细纹都变成了永久的印记。去年我抢购到两支优惠眼霜，一支留给自己，另一支送给了我的妈妈。

这种累却开心的感觉，大概只有妈妈才会懂吧。

——萍萍，35岁，职业经理人

谁说男生就不能护肤了。

坦诚地说，我就是朋友口中的"精致男孩"。我对于护肤的专注程度，丝毫不逊色于对游戏和耳机的热爱。在我看来，护肤与健身一样，都是对自己负责的生活态度。

——涛仔，25岁，自由职业者

爱笑的代价是眼霜消耗得特别快。

男友总爱分享各种搞笑视频和表情包，还经常讲笑话逗我开心。三年相处下来，因为笑容太多，我的眼角竟悄悄爬上了三条细纹。这大概就是甜蜜的负担吧！

这次一定要让他将功补过——给我抢购一支新款眼霜！

——Ting，26岁，平面设计师

从案例中，你是否看到了自己的影子？从20岁开始使用眼霜的年轻女孩，到25岁发现第一道细纹的职场新人，再到35岁初为人母的温柔女性；从注重护肤的"精致男孩"，到爱笑、爱生活的阳光女孩——每个故事都精准刻画了20~35岁目标群体的生活片段。应届毕业生、品牌文案人、职业经理人、自由职业者和平面设计师，这些具有代表性的职业选择，让每个目标用户都能从故事中找到自己的身影。这些微故事虽然简短，但蕴含着强大的情感共鸣。细纹不再只是岁月的痕迹，而是被赋予了温暖的意义："成长的印记""母爱的见证""爱情的甜蜜"。每个故事都以第一人称"我"的视角展开，自然而然地引出产品。不同于情节曲折跌宕的故事，有情绪力的用户故事，即使文风平淡朴实，也能有强大的感染力。

"我"的故事本质上是以用户情绪为核心展开的叙事。想要写好"我"的故事，大家需要注意以下四点：一是精准掌握目标用户的画像，二是了解用户的担忧、烦恼和期望，三是根据用户特征设计故事人物，四是选用目标用户喜欢的文字风格。

（二）域

要让用户进入"我"的叙事领域并沉浸于设定情境的情绪中，关键在于明确界定"我的地盘"。这种设定可以是虚构的，也可以是纪实的；可以是严肃的，也可以是浪漫的。例如，一句"那是一个寻常的星期六下午"，就能让人感觉到轻松悠闲的午后时光。

创始人故事是构建品牌叙事"域"的有效方式。通过讲述企业创始人的经历，文案人能够自然塑造品牌的价值观与形象。例如，华为创始人任正非与员工一同排队就餐的故事，传递出创始人亲民、不摆架子的特质；小米创始人雷军低调务实、广交好友的形象，则强化了兼容性强、接地气的品牌调性。在创始人故事中，品牌所构建的"域"会潜移默化地影响用户认知。当用户进入这一叙事"域"，便能自然而然地感知并认同其中蕴含的情感与价值观，从而增强品牌影响力。

> 前世的马赛皂，化身今生的兰西碧液体皂。
> 马赛皂是普罗旺斯人对芳香热爱的一个见证，
> 每一块古法手工皂均是黄金版窖藏级别，
> 可是在第二次世界大战后，马赛皂产业一度走向低迷。
> 来自马赛的 Philippe Boigeol 和 Pascal Bourelly，
> 看到如此珍贵的瑰宝走向衰落，
> 兰西碧决定以现代方式重新演绎马赛皂，
> 守护百年经典的马赛皂文化。

上述文案的第一句话聚焦在"域"的场域——向古老工

艺致敬，又将传统工艺进行现代化演绎。"域"的情绪氛围从第一句话开始，一下子把用户带进 20 世纪法国的普罗旺斯。

传统古法熬制＋现代工艺创新。

在法国马赛，

制皂不仅是一种传承，

更是一种生活方式。

于 1999 年历经 9 年沉淀后，

兰西碧融合了现代创新工艺与传统古老方法，

研发出液体马赛皂。

在完成初始聚焦后，文案巧妙地将"域"向"新的生活方式"的概念延伸，为用户预留了充分的联想空间。不是每个人都去过法国，但每个人都想开启新的生活。

创始人故事的"域"带领用户走进设定的地盘，通过聚焦"域"的场域氛围来强化品牌价值，同时开放我的"域"，将产品特性、品牌精神与创始人特质串联起来，最终实现与目标用户的深度连接。

（三）"呦"

"呦"这个要点关乎故事节奏的把控和用户心理的把握。"呦"的含义在于引导用户在聆听故事时产生"啊哈"时刻。"啊哈"时刻这一概念源自《增长黑客》一书，其核心是创造令人眼前一亮的体验。文案人通过精心设计的故事情节，引导用户跟随叙事节奏完成整个情绪体验，在情节推进中设置关键节点，运用张弛有致的叙事节奏来调控情绪起伏，使用户自然而然地发出"天哪""哎呀""哇哦"等惊叹。

反差效果越强烈，越容易制造"呦"时刻。反差主要分为两种类型：角色反差和情节反差。角色反差是指人物身份、性格或处境之间的鲜明对比。情节反差则体现在故事发展的意外转折上。

许多编剧常提到：剧情的"高潮"往往紧邻着"低潮"。回顾那些能引发观众"呦"的惊叹的故事、小说、电视剧或电影，我们会发现，无论是人物设定还是台词，往往都带有某种反差。大家只要把握住反差这一核心技巧，就很容易创作出令人眼前一亮的"呦"时刻。

许多人可能不了解，BB 其实是 Blemish Balm 的缩写，中文译为"修护霜"。这款产品最初由德国皮肤科医生研发，专为接受激光治疗的患者设计，用于舒缓修复受损肌肤。后来，BB 霜迎来了重要转折——被化妆品行业发掘并改良。

经过改良后，BB 霜实现了功能升级，兼具遮瑕、均匀肤色、防晒和修饰毛孔等多重底妆功效。这一转变使其从原本服务于特定人群的医疗产品，成功转型为风靡全球的美妆单品，成为现代女性日常护肤化妆的必备之选。

（四）包

高级的营销，是营而不销。高级的营销文案，不会在一开始就让用户察觉到营销目的，而是先让用户认定"我们是

自己人"。第四步的"包"是"包子"的"包"。好包子一定
要皮薄馅足，皮薄指的是能够让用户一开始就对号入座。馅
足指的是引经据典、旁征博引。"包"涉及故事里的圈层密码
和情节里的信任货币。

第二章第一节中的结构拆解部分的创始人故事案例是典
型的"皮薄馅足"的故事。故事开篇就精准切入目标用户的
生活场景——年轻女性在大城市打拼、结婚生子、成为全职
妈妈的人生轨迹，让具有相似经历的读者瞬间产生身份认同。
这种叙事策略的成功之处在于：主人公被塑造成一个普通母
亲的形象，她所面临的育儿困境和创业动机，正是千万妈妈
共同的痛点与心声。

（五）藏

前面四步已充分激发用户的好奇心并满足其产品需求，
最后一步的关键在于促成购买——让用户脑海中只留下一个
强烈念头："太棒了！快告诉我价格！我要买！"

我曾审阅一位自媒体博主学员的产品发售文案，发现其
存在典型问题：故事情节曲折动人，情感渲染到位，但通篇
未提及产品名称与核心卖点，仅在结尾突兀标注价格。这正
是缺乏"宝藏展示"环节的反面案例。我们必须让用户清晰
认知产品价值，就像寻宝故事必须让观众亲眼见证宝藏一样。
以产品为主角的情感化叙事，需要生动展现产品与品牌的生
命力。

好的产品故事不一定要悬念重重，更重要的是采用自然

融入产品卖点的叙述方式。

有关橄榄皂的文案案例如下。

72%,

平凡与高贵的界限。

不是每滴橄榄油,

都有资格烙上72%的印章。

它必是地中海的贵族,

占据地中海沿岸的成片天然橄榄林,

橄榄林的位置像是大自然的恩赐,

刚好能远眺梦幻的普罗旺斯薰衣草。

它小时候,没遇过一场严寒和霜冻,

旺盛的青春期,亲吻热烈的阳光,

临近成熟,在温和的雨水中尽享滋养,

甚至海鸟也从未打它的主意。

摘了20年橄榄的老工人,

耐心地等到油分最饱和的那一刻才把它摘下,

制皂厂里资历最深的老工匠,

每个环节都要亲自把关,谨小慎微。

而现在,一切尊贵都被隔离在外。

在古老皂厂的旧锅炉里,

橄榄皂要完成72%的皇家使命。

高贵并非遥不可及,

延续300年经典工艺而已。

文案里的故事不只是"好故事"，还要注重"商业价值"。既然是为商业目标服务，就要把"传播效果"置于首位。文案人要时刻警惕：切勿沉溺于情节的情感渲染，而忽略了文案最本质的商业属性。

▌ 第二节　经营情绪

在营销推广领域，我们常听到这样的案例：某品牌为推广产品投入巨额预算，却收效甚微。这种所谓的"巨额投入"通常表现为如下两种形式。

第一种投入体现在平台推广费用上，如淘宝天猫的"直通车"、抖音的"DOU+"等。这类投入的核心价值在于提升销售额，但实际效果往往不尽如人意。究其原因，只有当产品文案本身具备较强转化率，推广费用的投入才能产生预期效果。

第二种投入则源于聘请缺乏创新能力的团队。营销绝非简单地套用公式，标准化套路也难以适应所有场景。每款产品都具有独特的品牌调性，这就要求营销策略必须精准匹配产品特性。

请牢记营销额的计算公式：营销额＝流量 × 转化率。文案的营销效果主要由两大因素决定：一是文案转化率，二是目标用户与流量的匹配度。需要注意的是，转化率并非完全由产品本身决定，而是很大程度上取决于产品的营销策略与文案呈现方式。那些热销文案的成功经验表明，用户情绪经营至关重要，而营销心理学正是经营情绪的核心。营销心理学从目标用户的基本情绪面出发，精准把握人性需求。在长期的文案写作实践中，我总结出四种快速抢占用户心智的心理学模型，分别是从众心理模型、价格锚定模型、稀缺效应模型和捆绑营销模型。其中，从众心理模型、价格锚定模型、稀缺效应模型分别对应平价用户情绪、中端价格用户情绪和高客单价用户情绪，而捆绑营销模型则适用于大多数产品。

一、从众心理模型

想象一下，当你走在去看电影的路上，经过一个十字路口时，发现一群人都在抬头仰望天空。这时，你是否也会不由自主地抬头张望，想看看发生了什么？在看电影时，银幕上出现精彩片段，第一个观众忍不住笑出声来，很快整个电影院都充满了笑声。即便你没有完全理解这个笑点，是否也会下意识地跟着大家一起笑？这就是从众心理的作用。

从众心理指的是人们倾向于跟随他人的行为，简单来说就是"随大流"。价格越低的产品，越适合利用从众心理。例如，商场大促销时，顾客蜂拥而至，人潮涌动，吸引更多人加入抢购。

从众心理模型之所以适用于经营平价用户情绪，主要原因有两个：一是产品的购买成本低、风险小；二是群体行为能降低个体的决策压力——"既然多数人都选择购买，即便产生损失也不只自己承担"。从众心理模型具有运用门槛低、营销效果显著的特点，因而成为情绪经营的基础策略。

从众心理模型有以下四种呈现方式。

（一）直观呈现销售数据

如何营造"很多人都在买"的场景感，促使用户产生从众购买行为？最直接有效的方式是展示产品的销售数据。

乌江榨菜全球累计销量突破 150 亿包。

2019 年天猫 618 购物节期间，某品牌小白瓶 15 分钟售出 10 万件。

某畅销单品平均每 20 秒售出一瓶，全球累计销量超过 5 000 万瓶。

以上这些品牌以平价商品为主，为何没有高客单价产品？高客单价产品的目标客户追求的是小众化的专属体验，以及产品本身设置的高购买门槛——这种特性天然阻断了大众跟风消费的可能性。例如，宾利、法拉利、迪奥等品牌从不会以年度销量作为宣传重点。

（二）侧面佐证数据

当产品销量数据不够亮眼时，直接采用直观呈现销售数据的呈现方式可能适得其反。针对这种情况，我建议文案人转而采用侧面佐证数据的呈现方式。

2013 年 11 月 5 日，××老师上传了第一个教学视频，没想到一举成名。

他的原创视频"××珍藏英语",在优酷网的播放量超过了 2 000 万次,这位老师在各大平台的粉丝数量超 100 万。

××老师,被优酷学堂评为——最接地气的英语老师!

上述案例没有直观呈现销量数据,而是从视频播放量和粉丝数量侧面体现英语老师在各大平台的好评,引导用户认为"既然这个老师有如此高的关注度,教学质量应该不错",侧面呈现从众心理模型。

（三）借势高端权威

从众心理模型在平价产品营销中具有显著效果,但关键在于避免让消费者产生"低价产品使用者"的自我认知。最理想的营销效果是让消费者形成"以小额支出获得超值体验"的心理感知。

这款防晒霜防晒效果好且价格便宜,遍布澳大利亚多家高端院线、精品商超、冲浪胜地,远销多个紫外线强的国家。

案例中的防晒霜营销文案采用了巧妙的场景营造策略:一方面通过"高端院线""精品商超"等高端消费场景的背书,暗示产品受到高净值人群的青睐;另一方面借助"冲浪胜地""紫外线强的国家"等使用场景,侧面佐证产品的防护效果。实际上这是一款平价防晒产品。其营销策略的关键在于:通过关联高端权威渠道,引导消费者形成"优质产品"而非"廉价产品"的认知。

（四）将"不熟悉"大众化

当优质产品进入新市场时，常面临本土知名度与市场认知度不匹配的情况。这类品牌可能在本土市场享有良好口碑或在专业领域获得高度认可，但对新市场的目标用户而言仍属陌生品牌。在此情境下，如何让用户"从众"？这就需要将"不熟悉"大众化。

也许你之前听说过"正念"，它是风靡硅谷的减压方式。

在美国，有超过 2 000 万人将正念疗法视为缓解压力与精神疲劳的有效手段。

乔布斯称正念为"思维技术"，将其用于减压，以及创造力提升和洞察力培养方面。

他曾在公开场合表示，冥想塑造了我的世界观，苹果手机的设计灵感正是源自正念状态下的思考。

"人生实验室·城市版"项目推出的正念团体课程，为都市人群提供了沉浸式体验正念疗法的线下实践平台。

案例产品属于瑜伽品类中的一个小众分类，"正念"这一概念的公众认知度相对较低。为了提升用户熟悉度，案例中提到正念在美国广受欢迎，甚至乔布斯也曾推崇正念理念。通过将"陌生概念"与用户熟知的"苹果手机"相关联，更容易激发用户的从众心理。需要注意的是，引用从众心理模型的数据必须真实可靠。真实与真诚是文案创作者在调动用户情绪时必须坚守的底线。

二、价格锚定模型

你是否也有过这样的体验？打开电商平台时，你发现购物车里的商品价格比初次见到时降低了一些，于是忍不住点进去查看，最终不知不觉完成了下单。尤其是在"双十一""双十二"等购物节的预热期，尽管你当下未必急需该商品，但价格的突然下降会让你产生一种"现在必须购买"的冲动。这一简单的营销策略背后，隐藏着一个心理学原理——锚定效应。它指的是人们在做出判断时，容易受到第一印象或初始信息的支配，就像沉入海底的锚一样，将思维固定在某一个点上。

第一印象就像一个"锚"，一旦形成就难以改变。如果你初次见到某人就对其产生好感，这种倾向往往会持续很久。

文案里的锚主要是指价位，文案人可以运用价格锚定模型把用户的心理价位定在某个高度。塑造心理价位只需两步：第一步，建立较高的价格参照标准；第二步，呈现相对优惠的实际售价。该模型对中等价位产品尤为适用，原因在于：对于平价商品，消费者更注重性价比；而在高端商品的购买决策中，价格并非首要考量因素。中等价位产品则需要通过文案策略为消费者建立"价格接受度"，核心在于给消费者营造价格优势的感知。价格锚定模型能有效提升消费者对产品的价值感知，使消费者在心理上认可其定价合理性，从而促成购买行为。

买包一定要量力而行，而且好的包不一定贵。

今天就为小姐妹种草一款集时髦、实用性和性价比于一体的水桶包，它时髦又实用，价格比 3 万元的品牌包划算很多。我背了半年多，逢人就被追问购买链接。

上述文案的精髓就在于：你看我推荐的这款包包也很好看，时髦又实用，价格比 3 万元的品牌包划算很多。这就是价格锚定模型的魔力，文案人先呈现较高的参照价格，再展示目标产品价格。需要特别说明的是，直接呈现 500 元的定价可能引发消费者的价格敏感反应。而采用价格锚定策略后，文案人首先展示同品类 1 000 元的产品，消费者在形成"品质优良但价格偏高"的认知后，再接触 500 元的同类产品（虽略有差异但核心功能相近），通过与 1 000 元的参照价格对比，500 元的定价就显得更具吸引力了。

价格锚定模型在餐饮行业具有广泛的应用价值，特别是在菜单设计和产品陈列方面。以火锅店为例，其典型的菜单设计策略是将高价菜品（如特色锅底、优质肉类等）置于显著位置。这种设计基于消费心理学原理：当顾客先接触高价参照物后，后续的中等价位菜品会让顾客有价格优势感知。反之，若将低价菜品（如 5 元、10 元的素菜类）置于菜单前端，则可能让顾客产生截然不同的消费心理反应。在这种情况下，当顾客随后看到 50 元一份的肉类菜品时，容易有价格落差感，进而改变购买决策。

价格锚定效应在不同价格区间的产品营销中具有差异化的应用价值。针对中等偏高价位的产品，该模型可实现合理溢价；而对于中等偏低价位的产品，该模型可通过锚定潜在风险成本来提升购买意愿。以婴幼儿纸尿裤为例,文案人通过强调竞品因透气性不足可能导致的红疹、痱子等皮肤问题,以及由此产生的医疗费用和婴幼儿不适等问题来建立高额的健康风险锚点。在此参照系下,优质纸尿裤的购买支出即呈现出显著的成本优势。同理,在防晒产品营销中,文案人将200元的防晒霜与1 000元的美白精华进行对比,通过美白产品的高价锚点,可以让消费者对防晒产品有更好的价格感知。

需要注意的是,消费者追求的不是绝对低价,而是相对价值优势带来的心理满足感。

三、稀缺效应模型

在消费心理学中,因"物以稀为贵"引发的购买行为被称为"稀缺效应"。"稀缺"可分为"绝对稀缺"和"相对稀缺"。

绝对稀缺的物品是指那些数量有限的物品,如著名画家的孤品真迹,或全球储量极少的稀有金属。例如,我曾为某红酒馆撰写文案时了解到,他们珍藏的一款限量版葡萄酒全球仅存2 000瓶,而该红酒馆就收藏有6瓶,这些酒不但不出售而且极少供人品尝。为此,我创作了"珍贵不是贵,是有些酒喝一瓶就少一瓶"的文案。

相较于竞品的绝对稀缺性,文案人需要通过不同角度的文案呈现来突出产品的相对稀缺性。

在高端消费群体中,稀缺性在影响购买决策的关键因素中占据重要地位。真正的高端产品往往不会在普通商场专柜大量陈列。以香水为例，当某款产品成为大众畅销品时，反而会降低其对高端用户的吸引力。相较于"需要花费多少才能拥有"，高端用户更看重的是"即便有钱也不一定能获得"。因此，具有独特性和稀缺性的小众产品，往往更能满足这一群体的消费需求。

凡勃伦效应表明，商品定价越高，反而越能获得消费者青睐。这种现象背后的认知逻辑是"一分价钱一分货"和"价格本身就是一种价值"的消费理念。稀缺效应模型尤其适用于高客单价产品，因为稀缺性本身就能产生溢价权，并形成情绪驱动力。根据对上千篇文案的分析研究，我发现呈现稀缺性的方式主要有以下三种。

（一）原材料稀缺

原材料稀缺主要体现在三个方面：原材料本身的稀缺、原材料生长环境的稀缺及原材料的极低采用率。

（二）制作工艺稀缺

"小罐茶，大师作。"这一广告语充分体现了小罐茶对稀缺感的精准把握。品牌从产品源头入手，邀请八位制茶大师坐镇，以"大师手作"作为核心卖点。然而，仅凭大师背书仍不足以完全凸显其稀缺性。为此，小罐茶进一步对大师的传统制茶工艺和品质标准进行数字化解析，并借助现代科技设备精准复刻大师技艺，从而确保茶叶品质的标准化与稳定性。

（三）获取渠道稀缺

某大牌口红的文案如下。

我跑遍专柜，发现很多热门色号都买不到了，某些代购借机哄抬价格，可谓是一色难求。

今天我买到了正品，价格还很优惠。

某款口红在官网的价格是一支330元，在我们这儿一支才238元。

文案提到官网的价格非常贵，从稀缺渠道可以买到比较便宜的价格，这就是获取渠道的稀缺性。

稀缺效应模型尤其适用于高价值产品。无论是产品本身具有"先天"稀缺属性，还是通过"后天"营销策略（如限时抢购、独家渠道等）人为制造的稀缺性，都能有效提升产品的溢价空间。

四、捆绑营销模型

为什么电脑商家倾向于推荐"3 999元的电脑套餐"，而非直接将电脑定价3 999元（包含所有服务）？虽然总价相同，但商家往往选择将耳机、高档鼠标垫和1年免费上门维修作为赠品单独列出，而非将其价值计入主机价格。其本质在于：通过强调"免费赠品"来增强消费者的获得感。

在探讨这个问题之前，我们可以设想一个相反的场景：如果商家不提供3 999元的电脑套餐，而是要求消费者分项购买——如电脑3 000元、耳机200元、上门维修服务200

元……即便总价相同，甚至略低，消费者是否会更倾向于这种购买方式？事实上，即便总支出不变，多数用户仍然偏好一次性支付。这反映出营销文案的关键作用之一：通过简化支付流程来降低消费者的决策压力，从而提升购买意愿。类似的情况有，在电商平台，包邮商品往往更受欢迎。

捆绑营销模型是指将两种或多种产品组合销售的营销策略。该模型适用于不同价格区间的产品，包括高客单价产品、中等价位产品和平价产品。即使是高客单价产品的消费者，也往往难以抗拒"买即赠"的促销方式，如"购房赠送车位""购车赠送保养服务"等。

一般而言，捆绑营销模型可分为以下四种形式。

（一）简单直接的捆绑模式

捆绑模式通常能够实现"1+1>2"的营销效果。其中，简单直接的捆绑模式是将两种或多种产品组合销售，并提供更优惠的打包价格。例如，超市常见的促销活动——将 1 瓶可乐与 1 瓶橙汁捆绑销售，或者将 2 袋薯片组合售卖。

（二）"买即赠"促销模式

买即赠促销可分为两类：第一类是购买即赠实物礼品，如"满额赠礼"，其核心目标是促进本次交易达成；第二类是赠送虚拟权益，包括返充值礼金、赠优惠券、赠会员权益或超值换购资格等，旨在培养用户忠诚度，促进持续消费。这两类促销方式既可独立实施，也可结合使用。

（三）设计搭配套装模式

与简单直接的捆绑模式不同，设计搭配套装模式旨在为用户预先构建完整的使用场景。例如，上衣与下装的组合搭配、项链与耳环的饰品套装、洗发水与护发素的洗护组合等。

通过设计搭配套装可以有效提升营销效果，如双汇火腿肠推出的"泡面搭档"、护肤品中的水乳组合，以及化妆前使用的妆前乳等产品组合。

简单直接的捆绑销售与精心设计的搭配套装在营销思维层面存在本质差异。前者主要通过提供便利性和价格优惠来刺激消费，后者则从用户需求出发，提供整体解决方案的营销策略。

（四）品牌联名捆绑模式

品牌联名捆绑模式是一种更深层次的捆绑营销形式。与简单直接的捆绑模式（通常组合两种产品）不同，品牌联名捆绑模式往往仅通过单一包装实现品牌联合。这类合作通常采用"流量品牌 × 品质产品"的模式，以实现优势互补和双赢。

在营销文案的情绪力运用中，捆绑营销模式更注重实现"双赢"效果。明星代言本质上也是一种品牌联名形式，通过明星流量带动产品销量。

情绪营销作为高阶策略，能够超越理性层面，精准把握人类心理特征。这些心理特征如同基因密码般深植于每位消费者的行为模式中。在情绪营销实践中，四大核心模型的有效运用能够深度影响用户决策，锁定用户心智，这体现了情绪营销的高级应用能力。其影响力不仅体现在方法论层面，时机的选择同样至关重要。研究表明，夜间时段（20：00至午夜）是人类情绪最脆弱的时段，此时人们更容易产生失落、沮丧等负面情绪，消费意愿显著增强。这正是"双十一""双十二"等电商大促选择在晚间启动的重要原因——利用消费者夜间的情绪波动促进消费行为。

传播力

第四章

提升传播力

文案的传播力如同杠杆，以文字为支点，既能影响用户心智，也能推动销量增长，更能开辟全新市场。

如何用一句话撬动世界？关键在于文案的传播力。文案是品牌营销的落地。许多新兴品牌仅凭一句经典文案就成功开辟了新消费市场，改变了用户的消费习惯。最经典的案例莫过于"钻石恒久远，一颗永流传"这句广告语，它成功开辟了婚戒消费市场。

文案的传播力如同杠杆，以文字为支点，既能影响用户心智，也能推动销量增长，更能开辟全新市场。根据其影响力层级的不同，文案传播力可分为杠杆传播力和顶层传播力。

▌ 第一节　杠杆传播力

杠杆传播力的核心在于影响用户心智的能力，即通过一句直击人心的文案实现广泛传播。在国内市场中，这一传播模式已催生了诸多耳熟能详的经典案例。

怕上火，就喝王老吉！

农夫山泉，有点甜。

这些经典案例具有一个共同特征，即通过一句极具感染力的文案，在用户心智中形成深刻记忆，达到让用户"过耳不忘"的效果。这种传播力能够促使用户从认知改变转向消

费行为改变——当提及相关品类时，这些文案会立即浮现在
用户脑海中，并直接转化为购买决策。

一、品牌名称传播力

传播力的首要基础在于品牌名称。品牌名称涵盖企业名
称、商标名称、实体店名称及自媒体账号名称等要素。一个
朗朗上口、易于记忆且具有鲜明特色的品牌名称，本身就是
强大的传播载体。我曾为某企业自媒体账号进行名称优化，
更名当日即实现粉丝量翻倍的增长效果。用户对品牌名称的
认知直接影响其对品牌的整体印象。基于对众多知名品牌命
名的系统分析，以及参与多个品类品牌策划的实战经验，我
总结出品牌命名的"三要三不要"原则。

（一）第一个"要"：要有品类

在品牌命名策略中，我建议将品类关键词融入品牌名称。
对于初创品牌而言，明确传达产品类别比单纯强调品牌名称
更为重要。以"瓜子二手车""贝壳找房""格力空调"等知
名品牌为例，其中"二手车""找房""空调"等品类关键词
的运用，能够直观地向消费者传递品牌的核心业务。

这一命名策略同样适用于自媒体个人品牌建设。以"六
神磊磊说金庸"为例，该账号名称巧妙地借助了"小说阅读"
这一品类下的热门细分领域——"金庸小说"的市场认知度。

对于小品牌及初创企业而言，在品牌名称中植入品类关
键词往往比单纯强调品牌名称更具市场优势。

（二）第二个"要"：要用开口音a、o、e

从语言传播发声学的角度来看，品牌名称的尾音选择具有显著影响。研究表明，以元音a、o、e结尾的品牌名称更易被记忆和传播。例如，"阿里巴巴"（a）、"迪奥"（o）、"香奈儿"（e）等。次优选择为以"u"音结尾的名称，如"腾讯"。这种语音偏好源于开口音的声学特性——其发音更为响亮，传播距离更远，听觉辨识度更高。这一规律在商业实践中得到广泛印证：头部品牌命名、知名自媒体账号及艺人艺名大多遵循此发音原则。

（三）第三个"要"：要有场景

品牌命名策略需严格契合目标用户画像的使用场景与消费场景。以跨国品牌本土化为例，当国际产品进入中国市场时，采用具有中国文化特质的名称至关重要。典型案例如宝洁旗下品牌OLAY，在进入中国市场时命名为"玉兰油"，这一极具中国传统文化韵味的命名策略，不仅有效拉近了与目标消费者的心理距离，甚至给目标消费者造成其为本土品牌的错觉。

品牌命名策略需充分考虑地域文化语境，这一原则在本土品牌中同样适用。以北方连锁餐饮品牌"麻六记"为例，其命名巧妙融合了两个关键要素：既通过"麻"字直观体现菜品风味特色，又借助北方方言"麻溜"（意为利落爽快）的谐音关联，在北方市场形成了天然的传播优势。同样具有代表性的南方餐饮品牌"点都德"，其粤语谐音蕴含"点什么菜都美味可口"之意。这种对方言文化的融合，使品牌在讲粤语的地区极具亲和力与辨识度。

基于目标市场用户语言习惯的品牌命名，能够显著提升传播效率。

（四）第一个"不要"：不要用谐音梗

在品牌命名实践中，谐音策略存在明显的应用分层现象。典型应用方式包括：其一，基于创始人元素的语义转换，如当创始人姓名含"玉"字时，衍生出"玉见美好"的品牌命名，通过"玉"与"遇"的谐音关联实现美好寓意；其二，模仿知名品牌的谐音变体，如参照"老干妈辣椒酱"命名的"老干爹辣椒酱"。需要指出的是，后者虽然可能借助货架陈列效应获得短期销售机会，但难以建立独立的品牌资产。

在品牌命名优化案例中，我们曾将客户账号名称从"萍生无涯"调整为"企业培训导师萍姐"。这一优化策略体现了三个关键命名原则：首先，明确标注"企业培训"这一核心业务，使目标客户能够快速识别服务内容；其次，保留本名"萍"字增强真实性与亲和力；最后，添加"姐"这一称谓既保持亲切感，又暗含行业权威性。值得注意的是，头部品牌命名一般不依赖谐音技巧。

（五）第二个"不要"：不要用笔画太多的单字

我的一位学员曾给一家护肤品品牌起名为"熙珂夫人"，名字虽美，但"熙"字的笔画太多。市场数据表明，成功的新锐品牌如"花西子""完美日记"普遍选用笔画极少的字。

这印证了"最小认知负荷原则"——符合人类瞬时记忆特性的简单字形，能显著提升品牌传播效能。

（六）第三个不要：不要用生僻字

在品牌命名实践中，大家应当避免使用生僻字。无论是中文命名还是英文命名，看似具有独特格调的生僻字往往会导致显著的记忆与传播障碍。以知名财经自媒体 Spenser 为例，尽管该品牌凭借优质内容占据行业头部地位近 10 年，但用户拼写错误率长期居高不下。由于品牌资产积累后更名成本过高，最终采取折中策略，在保留原品牌名基础上增加认知锚点，调整为"S 叔 Spenser"作为过渡，后又调整为"香港 S 叔"。

很多人喜欢用生僻字起名字，殊不知如果用户不会念，又如何记住、如何传播呢？

不只是普通文案人会犯起名的错误，知名广告文案大公司也会犯这类错误。国内某广告公司曾收取百万费用为企业打造"罋火虫"这一品牌名称。短短三个字涵盖"谐音梗""生僻字"和"笔画多"三大雷区。后续市场数据表明，该品牌尽管投入数百万元推广费用，仍未能在目标用户心中建立有效的品牌认知。

二、反转传播力

邹振东教授在《弱传播》一书提到，舆论的世界是一个弱传播的世界，在这个世界里，舆竞天择，弱者生存。强者要在舆论世界获得优势，就必须以弱者的身份或者姿态，以弱者为旨归，想方设法与弱者相连接。

若将传播力比作一阵风，那么"严肃内容"如同巍峨高山，庄重而崇高；"轻松内容"则似轻飘的鸡毛。尽管山的分量远重于鸡毛，但当传播之风刮起时，越是轻巧、无关紧要的内容，越容易被吹向高空，四处飞扬。

愚公移山，何其艰难；鸡毛上天，却轻而易举。

这种传播力的反转效应，不仅适用于企业品牌建设，也同样适用于个人品牌的塑造。

（一）企业品牌反转传播力

在自媒体时代，不少企业仍固守传统媒体的推广思维——用纸媒的标准撰写公众号文案，按照电视广告的模式制作短视频。对于传统企业而言，向新媒体转型尤其需要理解"反转传播力"的规律：只有将专业内容以轻松的方式呈现，才能获得理想的传播效果。

在互联网时代，内容呈现"轻量化"与"反差性"的特征往往更具传播优势。相较于严肃的表达方式，轻松活泼的风格更容易引发关注；而看似粗糙的呈现形式，有时反而比过度精致的内容更能获得广泛传播。

（二）个人品牌反转传播力

在个人品牌塑造中，常见一个耐人寻味的现象：投入大量精力者往往收效甚微，而看似轻松随性的表达方式却常能收获意外的传播效果。例如，法考界的罗翔老师，将专业法律知识转化为通俗易懂的段子进行讲解，使原本严肃枯燥的法学知识变得生动有趣、易于传播，成功吸引大批年轻受众。同样，央视主持人朱广权以其押韵巧妙、金句频出的播报风格，吸引了大量年轻观众主动关注央视相关节目。

（三）文案反转传播力体系

传播学者罗杰森曾提出，任何一个步入新时代洪流的人，都应当理解其源流与动向。反转传播力，正是一种能清晰揭示信息传播源起与路径的机制，并以举重若轻的方式呈现严肃议题。从影视创作的规律中可发现，那些能够引发观众强烈共鸣的情节，往往具有一个共同特征：戏剧性反转。正如许多编剧所言："剧情的高潮，往往紧邻低潮而生。"

基于对传播规律的深入研究，我总结出文案传播中的四种典型反转模式。

1. 角色反转

影视叙事中存在若干经典的情节范式：在武侠题材中，主人公常借坠崖奇遇获得绝世武功；在爱情故事中，贫寒青年与富家千金的结合已成为经典叙事模式；而超级英雄题材则普遍采用"弱者逆袭"的叙事结构——平凡人物因意外获得超能力，进而肩负起拯救世界的使命……

角色反转主要呈现两种表现形式：一是双角色反转，其特征是不同角色之间存在显著反差；二是单角色反转，表现为同一角色经历重大转变。需要说明的是，此处"角色"的概念并不局限于人物，亦可延伸至物品或抽象概念等。

（1）双角色反转案例如下。

歌可以单曲循环，青春只能播放一次。

——网易云音乐·毕业季

网易云音乐案例里"歌"和"青春"是不同角色，反转体现在"单曲循环"和"只能播放一次"。双角色反转通常会运用大量"反义词"和"表达意料之外的词语"。

（2）单角色反转案例如下。

18岁可以美得像朵花，现在也可以美得不像话。

——某护肤品品牌

家，不需要很大的地方，但要有很大的自由。

——贝壳找房

在某护肤品品牌案例中，单角色"用户"通过"18岁可以美得像朵花"与"现在也可以美得不像话"形成年龄维度的戏剧性反转，其押韵表达强化了传播效果。贝壳找房案例则以"家"为单角色，实现了从"很大的地方"到"很大的自由"的概念升华。

在叙事建构与文案创作中，恰当运用双角色或单角色反转手法，能够显著提升内容的记忆度和自传播性。

2. 大小反转

大小反转策略主要体现为两种形式，即数据大小反转和面积大小反转。该策略多用于小品牌撬动大数据，以提升品牌知名度。

（1）数据大小反转案例如下。

一年卖出 12 亿，杯子可以绕地球三圈。

全国累计 4 亿用户都在用的猿辅导。

两个案例分别来自香飘飘奶茶和猿辅导。小小的奶茶，与大大的地球相联系，从"一年卖出 12 亿"到"绕地球三圈"，从小到大的反转，很有记忆点。猿辅导的广告文案，将用户手机里的 App 与全国用户连接，通过局部撬动整体的数据反转策略，有效扩大了品牌影响力。

（2）面积大小反转案例如下。

世界再大，也大不过我三十六码半的脚步。

这个案例仿写自曾引发广泛共鸣的广告"世界再大，大不过一碗番茄炒蛋"。该广告讲述了一位留学美国的中国学生为招待外国朋友，深夜向远在中国的父母求助如何烹饪番茄炒蛋。父母凌晨四点起床录制教学视频，儿子成功做完菜品后，才意识到父母是在深夜为他解决问题。这一温情故事使"世界再大，大不过……"的句式迅速走红。该案例中"三十六码半"的设定精准锁定了女性受众，增强了情感共鸣。

数据大小反转和面积大小反转，能够有效强化用户的场景感知与空间联想。这种具象化的表达方式，相较于单纯的文字描述，更易于在受众脑海中形成生动的画面感。而画面记忆作为人类认知的优势通道，恰恰构成了信息传播的首要基础。

3. 情节反转

角色反转和大小反转主要通过名词与形容词的巧妙运用来实现，情节反转的核心则在于动词的精准选择与动态呈现。

敢爱，是爱情里最大的冒险；
敢不爱，是爱情里最大的自由。

——珀莱雅

你的下一台电脑，何必是电脑。

——苹果 iPad Pro

珀莱雅通过"敢爱"与"敢不爱"的对比，实现情感态度的戏剧性反转。苹果 iPad Pro 则采用隐性反转策略，通过"何必是"对"电脑"概念进行重新定义，将情节推进的关键动作隐含在"下一台"的购买决策中。

更高级的情节反转前后用同一个动词，只转换主被动关系。我为深圳市创作的宣传文案中有这样的内容："曾经的小渔村，如今海纳百川。深圳这座年轻的城市，一路奋战，不只是为了被世界接纳，更是为了接纳整个世界。"该案例的情节反转在于动词"接纳"，从深圳被世界"接纳"，到"接纳"整个世界，文字几乎一样，意思完全反转。

4. 俗语反转

俗语反转的文案在影视剧和综艺节目中很常见，给人一种"猜中了开头，却没猜中结尾"的惊喜感。这种惊喜感既能让人眼前一亮，又容易引发超级传播力。

人生不如意事十之八九，剩下的一两件，总是拿来发笑的。

——××综艺节目

我轻轻的招手，作别生活的一地鸡毛。

——戴森吸尘器

××综艺节目对传统俗语"人生不如意事十之八九"进行了创新改编。原句惯用承接"常想一二"表达乐观态度，而改编后的"剩下的一两件，总是拿来发笑的"，通过颠覆性续写，在保持语义连贯性的同时，创造出既熟悉又意外的幽默效果。

戴森吸尘器的文案巧妙化用徐志摩《再别康桥》中的经典诗句"我轻轻的招手"。原句"作别西天的云彩"被创新性改写为"作别生活的一地鸡毛"，为产品（吸尘器）和使用场景建立精准关联，完成从诗意想象到现实诉求的自然过渡。

俗语反转的句式通常前半句采用大众耳熟能详的俗语、成语或诗歌等常见表达，后半句则通过出人意料的反转形成新颖的表述。该手法既能唤起受众的熟悉感，又能借助后半句的意外转折，产生显著的传播效果。以韩寒导演的电影《后会无期》中的经典台词为例：听过了很多道理，依然过不好这一生。该句前半句"听过了很多道理"是日常用语，而后半句"依然过不好这一生"则通过现实主义的反转，既引人深思又令人无法反驳。

在品牌传播领域，俗语反转因其易于创作且传播力强的特点，被广泛应用于宣传文案、海报设计、产品包装等场景。

特别是在新品牌快速启动阶段，具备传播力的文案往往能达到事半功倍的效果。

三、金句传播力

金句是指那些能够精准击中读者情感与心智的凝练语句，它们如同金子般熠熠生辉，令人过目难忘。

许多经典文学作品正是凭借一句金句而广为流传。例如，钱钟书的小说《围城》中，"围在城里的人想逃出去，城外的人想冲进去"这一句，便以精妙的比喻道出了人生的普遍困境。作家三毛的经典金句"每想你一次，天上飘落一粒沙，从此形成了撒哈拉"以及"每想你一次，天上就掉下一滴水，于是形成了太平洋"，以浪漫的意象表达深沉的思念。亦舒的"真正有气质的淑女，从不炫耀她所拥有的一切，她不告诉人她读过什么书，去过什么地方，有多少件衣服，买过什么珠宝，因为她没有自卑感"，则通过犀利的观察揭示了优雅的本质。

许多经典的外国文学作品也因其深刻的金句而流传甚广。以小说《飘》为例，读者或许已淡忘具体情节，但结尾那句"Tomorrow is another day"（"明天又是新的一天"）依然深入人心，成为跨越时空的经典表达。

经过系统的拆解、创作和实践验证，我最终总结出五大金句句式。这些句式简单易学、即学即用，分别是 ABAC 句式、ABBA 句式、反差句式、拆词句式和谐音句式。

（一）ABAC 句式

ABAC 句式在各类文本中十分常见，许多经典文案和电影台词都采用这种句式。该句式具有形式工整、结构简单的特点。其中，A 指在语句中重复出现的词语或短语，B 和 C 则为两个不同的词语，通常为反义词或具有对比关系的词语。

在 ABAC 句式中，若 B 和 C 押韵，或将 B 和 C 进行前后顺序调换，往往能使表达更加精妙。例如，"你的人生不是事故，你的人生是故事"。

（二）ABBA 句式

ABBA 句式比 ABAC 句式更为简洁有力，其特点是让 A 和 B 在句子中重复出现，但前后顺序调换。

作家木心的文案如下。

岁月不饶人，我也未曾饶过岁月。

我的原创文案如下。

既然无法把孩子带到世界的面前，不如把世界带到孩子的面前。

第一句里，A 是"岁月"，B 是"饶"。

ABBA= 岁月（A）不饶（B）人，我也未曾饶（B）过岁月（A）。

第二句里，A 是"孩子"，B 是"世界"。

ABBA= 既然无法把孩子（A）带到世界（B）的面前，

不如把**世界（B）**带到**孩子（A）**的面前。

ABBA 句式的核心在于主被动关系的转换。"岁月不饶人"中的"岁月"是主动方，而后半句"我也未曾饶过岁月"的主动方是"我"。"既然无法把孩子带到世界的面前，不如把世界带到孩子的面前"，该句通过 ABBA 句式的巧妙运用，清晰传递出视频课程的核心价值，为其推广构建了更具说服力的表达方式。

ABBA 句式通过调换关键词的前后顺序，形成逻辑上的巧妙呼应。这种表达方式往往能带给读者"一语中的"的认知体验，使其在阅读时不自觉地产生认同感。

（三）反差句式

反差句式分为前后对比和情节反转两种类型。

1. 前后对比

AI 智能吧，我觉得是最好的仆人、最差的主人。

——笔者原创

保险可以犹豫，风险从不演习。

——中国人寿

在第一个案例中，"最好的"与"最差的"、"仆人"与"主人"形成强烈的反义对比。第二个案例用"保险"对应"风险"、"犹豫"对应"演习"，构建了鲜明的前后反差效果。

2. 情节反转

与其购买一个名牌，何不让自己成为一个名牌。

——综艺节目《奇葩说》

这个案例的后半部分尤为精彩，"购买一个名牌"与"让自己成为一个名牌"形成巧妙反转。

这类金句的创作规律在于：名词和形容词的反义运用构成语义反差，动词的巧妙转换则推动情节反转。反差句式往往能带给受众认知层面的颠覆感。

（四）拆词句式

运用拆词句式创作金句是一种通过拆分和重组字词来创作金句的方法，有时还会通过谐音增强表达效果。拆词句式往往可遇不可求，如果刻意使用该句式，反而会削弱文案的流畅度。

时间拉长的不是距离，而是聚与离。

——优酷某短片

蒙什么都对，做什么都牛。

——蒙牛·高考季

优酷某短片的文案巧妙运用谐音，通过"距离"和"聚与离"的语音关联，简洁而深刻地传达出丰富的情感内涵。蒙牛·高考季的文案采用拆词句式，文案虽略显生硬，但该品牌持续将"蒙"与"牛"二字融入文案，形成系列化表达，成功构建了独特的传播体系。

相较于其他创作金句的方法，运用拆词句式创作金句更具挑战性。

（五）谐音句式

谐音句式在传统文案与新兴文案创作中均被广泛应用，并持续受到创作者的青睐。

太拼的人，未必一生太平。

——百度

谐音句式因其简短有力且具备记忆点的特性，在传播层面具有显著优势。如"太拼"和"太平"的谐音句式完美契合高效传播的两大核心要素：通过认知显著性实现深度记忆，激发受众的社交分享意愿。在企业广告语（品牌口号）创作方面，谐音句式兼具韵律美、记忆性与传播力，能有效提升品牌信息的扩散效能。

第二节　顶层影响力

商业文案影响力的核心在于战略层面的规划，尤其是精准的市场定位。一套科学的市场定位体系能够系统性地重塑品牌影响力的底层逻辑。当前市场中，许多产品因定位模糊与卖点设计不足，与市场需求严重脱节，即便投入大量推广资源，效果仍不理想。真正专业的文案人不仅需要具备扎实的文字功底与传播策略制定能力，更应掌握市场调研方法与产品卖点定位技术。

在液晶电视市场发展初期，索尼长期占据行业领先地位，而三星电子则处于市场追随者位置，其市场占有率不到 10%。为突破市场瓶颈，三星电子投入大量研发资源进行技术创新与功能升级，但市场份额始终未能实现显著提升。经过系统的市场调研后，三星电子重新审视了电视产品的消费决策机制，最终发现"妈妈"才是家庭中购买电视的主要决策者。

三星电子通过深度消费者访谈，系统研究了妈妈们的电视购买决策机制，重点探究其购买动机、决策流程及关键影响因素。调研结果表明，对大多数妈妈而言，电视并不被视为高科技产品。具体来说，这一消费群体对专业技术参数、功能术语等缺乏了解也较少关注，更难以据此评判其技术价值。究其原因，她们更多地将电视定位为"客厅家具"而非科技产品。基于这一定位，产品外观的美观度及其与客厅整体装修风格的协调性，成为影响购买决策的核心要素。

于是，三星电子对电视产品进行了战略性重新定位，将其从"高科技产品"调整为"现代家居装饰品"。在产品设计层面，三星电子摒弃了过度强调技术参数的做法，转而采用超薄机身、无边框等极简设计，突出产品的美学价值与装饰功能；在营销层面，三星电子则着重塑造其作为时尚家居单品的品牌形象。这一战略调整成效显著，三星电子电视产品的市场占有率从原先的不足 10% 提升至 20% 以上，实现了销量的显著增长。

品牌文案的顶层传播力主要取决于两大因素：一是品牌名称的传播便利性，二是与目标用户需求的高度契合度。文案传播力并非仅源于文字层面的表达技巧，而是基于系统的底层架构设计与顶层战略规划。一份优秀的品牌顶层设计方案，不仅能够开辟新兴市场，更能引领行业发展方向并创造全新商业价值。

一、独家感影响力

在高度同质化的市场环境中，企业需重点关注如何有效提升产品的用户偏好度。以女性服装消费为例，消费者的消费动机常由特定场景激发，如季节变化产生的换购需求。此外，外部刺激因素（如限时促销活动）也可能促成即时消费行为，典型表现为当消费者遇到心仪的款式且价格优惠时，容易产生冲动购买的行为。

爆款产品的背后不是偶然，我专门深度拆解过那些转化率好的产品文案，发现它们都满足以下三个条件。

第一，产品需求度高。例如，特定场合（如约会、聚会、商务活动）的着装需求缺口。

第二，立刻下单的理由。例如，限时打折就是用户马上购买的营销触发点。

第三，独家感卖点。例如，独家设计风格或专业买手审美体系，形成竞争对手难以复制的独特卖点。

在高度饱和的市场中，独家感能够有效赋能产品差异化突围，并增强消费者在比价过程中的品牌黏性。构建此类影响力的基础在于系统化的市场分析，而其核心则在于全面的竞品分析体系。竞品分析的范围不仅涵盖同类产品，还包括所有具备同等功能替代性的竞争形态。以影院行业为例，其竞品矩阵除传统影院外，还应包括线下脱口秀剧场，以及爱奇艺、腾讯视频等能为用户提供同等视听娱乐价值的在线流媒体平台。

为什么竞品分析这么重要？试回想一下，我们作为消费者，在挑选产品时是不是会对比几家再确定购买？虽然普通消费者不具备产品经理的专业视角，但每个个体的消费行为模式都具有研究价值。实际上，分析者自身的购买决策过程就能为理解目标用户行为提供重要参照。

（一）了解竞品的三大捷径

我在实践中总结出快速了解竞品的三条路径，具体内容如下。

1. 亲自试用测评

大家可以通过试用，对比竞品卖点与自身产品卖点的差异：首先，识别竞品存在哪些缺陷，而自身产品已在这些方面有针对性地进行了改进；其次，找出哪些卖点是自身产品与竞品都具备但竞品未在宣传中提及的。

2. 采访用户

大家可以通过线下实地调研或与使用过竞品的亲友交流，深入了解用户在使用竞品过程中的不满之处。这些不满往往反映出竞品的不足之处。

3. 线上信息搜索

大家可以通过电商平台、测评平台等渠道全面收集竞品的负面评价，以了解竞品尚未解决的问题。

以下案例是我的学员"藕豆豆"的一份课堂作业——分析 A 防晒霜的竞品。一款防晒霜的竞品有哪些？也许你的第一反应是其他防晒霜？需注意的是，所有具备同等功能的产品都是竞品，竞品不一定和自家产品完全属于同一细分品类。一款防晒霜的竞品不只是同类型、同价位的防晒霜，也可以是同功能的产品，如防晒衣、防晒伞、美白产品等。

A 防晒霜竞品（同类型产品）的优缺点对比如表 4-1 所示。

表 4-1　A 防晒霜竞品（同类型产品）的优缺点对比

竞品：B 防晒乳	优点	缺点
价格：249 元 规格：60g	1. 高倍防晒指数 2. 植物提取物加甘油保湿成分	1. 容易油腻、闷痘 2. 不能迅速成膜 3. 涂脸上黏腻，容易搓泥 4. 有些许辣眼睛 5. 运动后，防汗效果不如 A 防晒霜

A 防晒霜同功能竞品（防晒衣）的优缺点对比如表 4-2 所示。

表 4-2　A 防晒霜同功能竞品（防晒衣）的优缺点对比

优点	缺点
1. 物理防晒，皮肤无负担 2. 防紫外线指数高于防晒霜	1. 再薄的防晒衣也会有闷热感 2. 水洗、机洗后，防晒效果打折扣 3. 样式很难兼顾实用和时尚 4. 消费者出门还需戴上太阳镜、太阳帽，防晒烦琐 5. 消费者需携带防晒衣收纳 6. 不能解决脸部防晒的问题

A 防晒霜同功能竞品（防晒伞）的优缺点对比如表 4-3 所示。

表 4-3　A 防晒霜同功能竞品（防晒伞）的优缺点对比

优点	缺点
1. 物理防晒，皮肤无负担	1. 容易丢
2. 比较实用，晴雨天都可用	2. 使用不方便，需要收纳
3. 不影响妆容	3. 风大的时候不实用
4. 使用场景广泛	4. 遮挡视线
	5. 不能阻挡地下及四周反射的紫外线
	6. 不能解决腿部防晒的问题

竞品要么过于油腻，容易闷痘，影响肤感；要么防晒效果不足，难以满足消费者需求。除非你天生肤质极佳，否则还是选择这款防晒霜更可靠——这是文案人分析竞品后希望传递给目标用户的核心信息，通过对比突出自身产品的优势。

当竞品表现优秀时，如何通过对比凸显自身优势？关键在于体现"人无我有，人有我优"的差异化策略。首先，"人无我有"包含两种情形：一是产品客观上具备竞品所没有的特性；二是对于某些双方共有的特性，竞品未在宣传中提及。例如，虽然所有包糖衣的巧克力豆都不会在手中融化，但m&m 豆率先提出"只溶在口，不溶在手"的宣传卖点。其次，"人有我优"主要体现在两个方面：一是产品客观上优于竞品；二是品牌通过创意呈现实现差异化。例如，某对讲机品牌的广告呈现两个人在大峡谷两侧通话的场景，虽然多数对讲机都能实现这一功能，但该品牌通过夸张的表现手法，成功塑造了"人有我优"的产品形象。

（二）对标大品牌竞品

在市场分析中，虽然我们需要关注整体市场，但文案通常无法涵盖所有竞品。此时，我建议大家选择知名度高的行业标杆产品作为对标对象。有人可能会问：与行业巨头对标，难道不怕被比下去吗？这其实是商业运营中的常见策略。以可乐行业为例，当年可口可乐稳居市场第一，在数百家小型可乐公司的竞争中，只有百事可乐脱颖而出，与可口可乐形成双寡头格局。百事可乐成功的关键在于：其在广告中主动将可口可乐设定为竞争对手。根据消费者的认知规律，只有高维品牌才会对其他高维品牌构成挑战。

我曾负责过一款高端山茶油产品的品牌策划，在竞品定位上，我选择对标高端橄榄油而非普通菜籽油。这种策略的核心在于：通过与高端品牌建立竞争关系，快速在消费者心中塑造势均力敌的品牌形象。同样，汉堡王与麦当劳长达60年的"相爱相杀"，从表面上看是两个品牌的针锋相对，实则它们形成了相互成就的共生关系。

那么问题来了，大品牌存在哪些弱点？如何在对比中超越这些强势竞品？古人云："甲之蜜糖，乙之砒霜。"产品的优缺点在本质上是针对不同用户群体的差异化需求而言的。这就像与情敌比较：若对方财力雄厚，你可突出自身的外形优势；若对方相貌出众，你可强调个人能力；若对方能力超群，你便可展现温柔体贴的特质。同理，在商业竞争中，通过精准定位目标用户的核心需求，任何产品都能找到自身的差异化优势。

（三）打造独家感影响力的四个步骤

如何打造独家感影响力？如何有效提炼打造独家感的卖点？我总结出打造独家感影响力的四个步骤，具体如下。

1. 第一步，罗列产品的所有卖点

请罗列所有卖点，包括那些看似微不足道的细节特征。这种无死角的卖点挖掘能够为后续的文案创作提供丰富的素材支持。在此，我建议文案人养成专业的工作习惯：切忌急于动笔创作，而应先深入研究和理解产品特性。下面我将通过一个具体案例进行说明。

肌肤不清透，再好用的身体乳也白费！

相信姐妹们都很在意脸部清洁，

卸妆、去角质、用洗面奶，

一步都不能少！

但大家很容易忽视一件事，

身体肌肤也一样需要定期去角质！

特别是在初秋，

夏日的暴晒让皮肤彻底变黑，

沉积了一个夏天的防晒霜残留，腻着没洗彻底的汗液，

彻底把毛孔堵得喘不过气！

老旧角质一天天堆积，

缺氧的肌肤日渐松弛，

毛孔里堵塞的脏东西，
把营养成分稳稳地挡在外面，
擦多少身体乳都白搭！

最贴心的 ××，
为你奉上白嫩入秋超强攻略，
简单两步走，无惧秋日干燥，
即刻拥有细腻嫩滑美肌。

第一步，
沐浴时，
液体皂清洁角质，
打开营养通道。
第二步，
沐浴后，
纯粹系列身体乳，
嫩滑润泽，
深层滋养。

来自 ×× 的天然洗护品牌，
为你开启秋日的一切美好。
百年传承的尊贵工艺，
纯天然的配方温和又安心，
呵护你的水嫩肌肤，
用芬芳滋养你的简单快乐。

案例中的产品是一款法国纯植物护肤品品牌的去角质液体皂，我拿到产品的第一时间就罗列所有卖点，从制作材料到制作工艺，再到瓶身设计等，一共列出 14 条卖点。

- 温和去身体角质。
- 百年传承的法国制皂工艺。
- 有新鲜柑橘的香味。
- 透明液体很好看。
- 按摩时没有明显的摩擦感。
- 使用完肤色变白。
- 使用后皮肤会变得嫩滑。
- 清洁、去角质、润肤，一步到位。
- 不含化学起泡剂。
- **98%** 的纯天然成分。
- 全身可用，包括手臂、颈背、身体、腿。
- 双重橄榄果颗粒，分大小两种不同天然磨砂粒子。
- 瓶身雾面设计，显高级。
- 按压式设计，使用很方便。

对于不同产品，我们需要从不同维度确定卖点，在每一次分析卖点前尽量先罗列所有卖点。

2. 第二步，了解产品背景，测试产品

通过与甲方的沟通，我了解到该产品采用古法研制，植物成分占比高达 90%，其主要成分萃取自法国南部的植物精华。在大多数情况下，甲方对产品最为熟悉，因此我建议文案人与甲方保持充分沟通，以准确理解其对文案的期待。例如，在文字和画面表现上，我希望体现法国浪漫风情及法国南部热烈的阳光氛围，但这仅是我个人对法式风格的理解，我仍需通过与甲方的深入交流来确认其期望呈现的具体法式感觉。

产品测试可借助专业仪器进行，如护肤品的肌肤水分测试仪、食品的甜度检测仪、服装面料的透气性测试仪，以及强力挂钩的承重测试设备等。完成测试后，我建议大家对照产品卖点清单进行调整。产品试用主要取决于合作方是否提供样品。通常情况下，如果大家前期已通过数据采集和市场调研获取了产品信息，那么亲自试用是验证信息的辅助手段，而非必须环节。

3. 第三步，多渠道了解竞品特点

我建议大家从生活经验和工具网站两方面入手。

（1）生活经验。例如，案例中的这款液体皂的竞品包含沐浴露、香皂、身体去角质产品（如搓泥宝、搓澡巾）等。通过日常生活体验，大家就可总结出竞品特点，如用搓澡巾去角质比较简单直接，用普通香皂易导致皮肤干燥等。此类与生活经验有关的信息提炼应始终基于目标用户的实际需求。

（2）工具网站。如果大家不方便试用产品，可以通过以下方式获取产品信息：重点查阅小红书、淘宝、京东等平台的用户评价及问答板块，同时参考同类产品的博主测评内容。其中，"开箱展示""试用体验""同类产品横向对比"等类型的新媒体内容，均可作为竞品分析的有效补充。

4.第四步，突出与竞品相比的优势

通过与竞品进行优劣势对比，大家可规避产品劣势，突出产品优势，再对所有卖点进行优先级排序，将最具竞争力的核心优势置于首位，其余卖点按重要性依次排列。

案例中的这款液体皂最具差异化的核心卖点包括不含化学起泡剂、天然成分配方及温和不刺激特性。多位用户及博主均提及"传承百年的法国制皂工艺"这一特质，认为其能彰显使用者的品位格调。

基于上述分析，我建议对卖点清单进行优化排序：首先突出最具独家性的核心卖点，随后根据差异化程度依次排列其他卖点。

优化后的卖点版本如下。

一级卖点：成分天然，温和去角质。

- 温和去身体角质。
- 不含化学起泡剂。
- 98%的纯天然成分。
- 双重橄榄果颗粒，分大小两种不同天然磨砂粒子。
- 清洁、去角质、润肤，一步到位。

二级卖点：彰显用户品位。

- 百年传承的法国制皂工艺。
- 瓶身雾面设计，显高级。
- 透明液体很好看。

- 有新鲜柑橘的香味。

三级卖点：使用效果及体验。

- 使用完肤色变白。
- 使用后皮肤会变得嫩滑。
- 按摩时没有明显的摩擦感。
- 全身可用，包括手臂、颈背、身体、腿。

四级卖点：其他产品外观设计。

- 按压式设计，使用很方便。

卖点排序并非简单决定文案中各个卖点的出现顺序，而是明确各个卖点的呈现权重。具体而言，卖点排序在文案创作中表现为篇幅占比，在排版设计上体现为重点突出程度，在详情页设计中则转化为视觉强化层级。

需要特别强调的是，"价格低廉"在本质上并非产品卖点，切忌将营销策略降格为单纯的促销手段。这是很多营销从业者的认知误区——他们往往将销售乏力简单地归因于定价过高。必须明确的是，用户购买行为的核心驱动力在于需求的满足，而非价格的优惠。

另外，权威认证类卖点通常应被列为三级或四级卖点。通过观察各类营销渠道——无论是微信公众号、淘宝或京东等电商平台，还是线下门店，我们不难发现，即便再高端的权威认证也往往被一笔带过。其根本原因在于，权威背书的核心价值是辅助建立信任体系，但信任的建立本身并不能直接促成用户的即时购买决策。

在此我特别提醒广大文案人，在提炼产品卖点时务必保持真诚的表达原则。真实可信、与用户需求高度契合的文案具有双重优势：既能有效获取用户信任，又能规避潜在的售后争议风险。

二、场景感影响力

高级文案的核心理念在于销售场景而非产品本身。场景影响力的表现形式可分为以下三种。

（一）损失场景

用户需求通常可分为两种：一种是追求提升（变得更好），另一种是规避风险（避免变得更坏）。损失场景的核心在于激发用户"不想变得更坏"的心理，即通过展示用户若不购买产品可能面临的困难、麻烦或潜在损失，从而促使其采取行动。例如，不买防晒霜可能导致皮肤晒黑、加速老化；不使用天然护肤品可能增加皮肤敏感的风险等。

如何避免"变得更坏"的痛苦场景（即"损失点"）值得每个文案人反复思考。然而，多数文案人的损失点往往是"伪损失点"。

1. 损失场景的四种常见错误示范

（1）损失场景太多。在营销传播中，若对用户的痛点采用全盘否定式的描述，反而会令用户无所适从——如果需要改进的问题过多，改变的门槛就会被无限抬高，最终结果往往是维持现状。

以洗发水为例，专注解决"脱发"这一核心痛点的文案的传播效果必然优于同时强调解决"脱发、断发、毛囊炎、螨虫、出油、头皮屑"等多重问题的文案——前者更具聚焦性和冲击力。

损失场景一定要集中且有主次。

（2）损失力度过猛。我的学员"小扎"在创作初期的反面文案案例如下。

姐妹们，头发出现这种状况，根源是螨虫入侵了你的头皮。

它们钻进毛囊，饿了就啃食发根，造成发根脆弱、脱发频繁。可以说，不除螨，用再多的防脱发产品都没用。

千里之堤溃于蚁穴，如果你不及时清除头上的螨虫，后果非常严重。

每天至少有千万只螨虫寄生在你身上，它们不仅危害头皮健康，更可能迁移至面部，导致毛孔粗大、长黑头、长痘痘……

更令人担忧的是，这些螨虫会通过寝具等在家庭成员间传播，造成交叉感染。

该案例虽然成功构建了强烈的损失场景，但过度渲染了类似"生化危机"的恐怖氛围——如"千万只螨虫寄生""在家庭成员间传播"等表述，会引发消费者质疑：面对如"生命垂危"般的极端威胁，仅凭几十元的洗发水就能解决问题吗？

文案人要切记，强调损失不是营造恐怖气氛，损失场景一定要贴近日常生活。

（3）损失场景的紧迫性不够。防晒产品的销售旺季通常集中在夏季。这是因为夏季紫外线强度高，消费者在日常外出时能直观感受到"晒黑"这一即时、具体的损失场景。相比之下，用户在冬季对晒黑、晒伤的感知较弱，相应损失场景的紧迫性也显著降低。

然而，损失场景的紧迫性并非完全由季节因素决定，文案策略的引导同样至关重要。若要在冬季推广防晒产品，文案人应当转变切入点——虽然"晒黑"这一损失场景不够紧迫，但"紫外线加速皮肤衰老"这一损失场景却能引发消费者的普遍焦虑。

有效的损失场景必须建立在用户当下的紧迫需求之上。

（4）损失场景与产品卖点不符。前文提到的吹风机营销案例的核心问题在于损失场景（脱发）与产品功能严重脱节。虽然脱发确实是消费者普遍关注的痛点，但吹风机的产品特性显然无法有效解决这一问题。这种"需求与供给错位"的营销逻辑存在根本缺陷，当产品无法兑现其承诺要解决的痛点时，消费者自然缺乏购买动机。这就如同消费者明确表示需要去屑洗发水，营销人员却为其推荐防脱发洗发水——二者虽然属于同一品类，但解决的核心问题完全不一样。

损失场景与产品核心卖点要高度匹配，只有这样，消费者才能确信该产品是规避相关损失的最佳选择。

在实际工作中，我发现几乎所有文案人，无论是新人还是资深从业者，包括我自己，在撰写文案的过程中都不可避免地陷入上述误区。若我们能避免这些误区，便可总结出挖掘有效损失场景的要点：损失场景要聚焦，要贴近日常生活，需切中用户当前最迫切的痛点，必须与产品的核心卖点相契合。

2. 损失场景案例示范

下面是一份有关损失场景的正面案例。这是我在 2019 年创作初期为"某职场解惑小组"撰写的文案作品。

开篇用了一个能引起普遍共鸣的损失场景——漂泊异乡的孤独感："孑然一身的城市游子"（见图 4-1）。

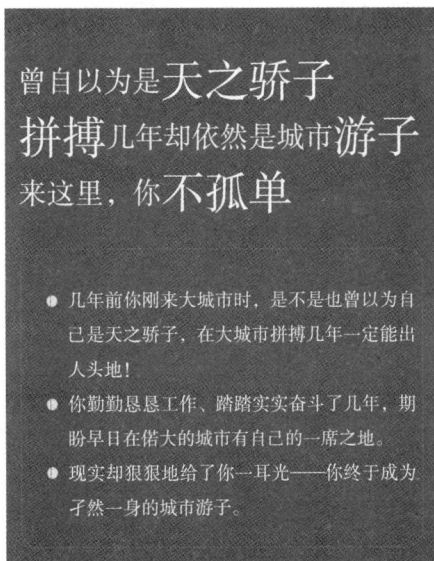

图 4-1　损失场景案例示范（一）

接着，作品聚焦损失场景的具体细节——加班、妈妈的电话，具体如图 4-2 所示。

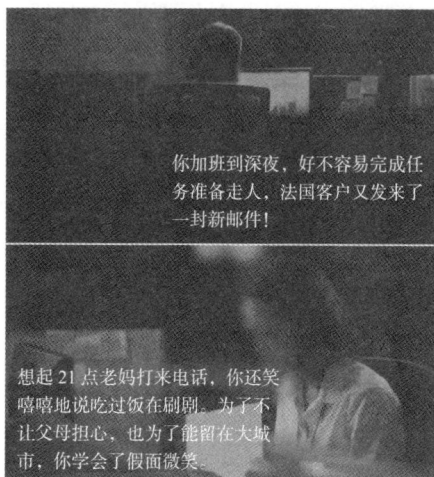

图 4-2 损失场景案例示范（二）

在具体细节的基础上，作品进一步具象化痛点：加班却得不到预期回报，回到合租房又无人倾诉——字字句句直击职场人的内心，具体如图 4-3 所示。

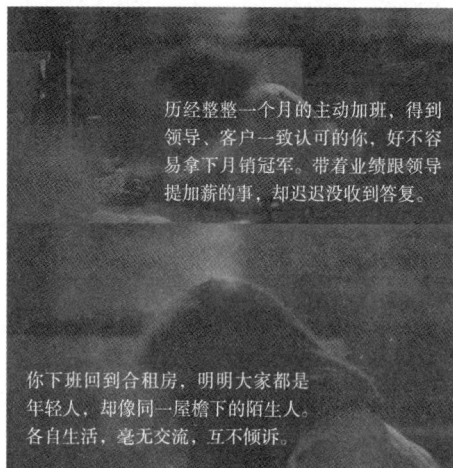

图 4-3 损失场景案例示范（三）

更令人沮丧的是，比自己晚入职的同事反而先获得晋升。最终，这一系列表述共同指向一个核心痛点——"职场前辈"的困境，具体如图 4-4 所示。

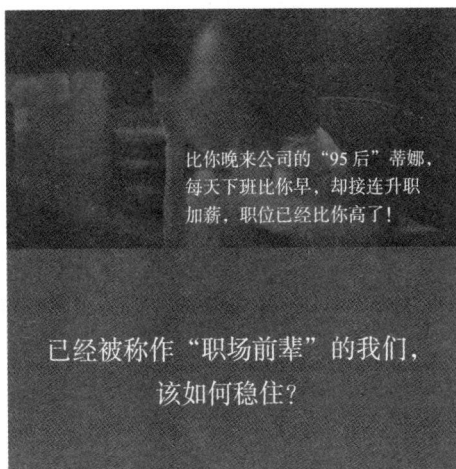

比你晚来公司的"95 后"蒂娜，每天下班比你早，却接连升职加薪，职位已经比你高了！

已经被称作"职场前辈"的我们，该如何稳住？

图 4-4　损失场景案例示范（四）

该案例采用"总—分—总"的结构，先勾勒整体场景，再细化具体痛点，最终回归核心情绪。这种层层递进的表达方式极具代入感，目标读者在阅读时往往会不自觉地产生共鸣——仿佛文案直指自身处境，甚至会在心中默念"这说的不就是我吗"，同时情不自禁地点头认同。

（二）购买场景

你是否思考过以下现象背后的原因：超市总是播放轻快愉悦的背景音乐，咖啡馆则偏爱悠扬的法国香颂？同一件服装，在街边小店和商场专柜的售价为何相差数倍？这些差异的核心在于购买环境——这是影响消费决策、提升转化率的关键因素。

购买场景可分为线上与线下两种形态。2016 年，在参与某奢侈品牌门店设计管理项目时，我亲身体验了顶级品牌的场景营销能力——香港某商场内的 YSL（圣罗兰）专卖店，通过精心设计的购买场景，实现了 100% 的进店转化率。这充分证明，构建契合品牌调性的购买场景，是提升销售转化率的关键要素。

相较于线下场景中音乐、香氛、灯光等多维度的环境营造，线上购买环境主要依赖于文案创作与视觉呈现。构建有效的购买环境，是文案人从初级向专业进阶必须掌握的关键能力。我将这一能力的培养简化为以下三个步骤。

1. 第一步，找到目标用户和产品之间的连接点

文案人要深入分析目标用户画像，找到用户偏好与产品特性的契合点。以某法国高端品牌的销售文案为例，针对"精致女性"这一目标客群与"法国品牌"的产品属性，我成功挖掘出核心连接点——"法式精致美学"的独特魅力。

> 法国女人，
> 浪漫、优雅、时尚，
> 是每个女人的心之所向。
> 法国女人的优雅，
> 不是浮于表面法式刘海、茶歇裙和慵懒妆容的优雅，
> 而是刻进骨子里的仪式感。

她们认真对待身边的每一件小事，

用心挑选衣服的用料与做工，

款款优雅地冲煮早晨的每一杯咖啡，

就连挑选日常的沐浴洁肤品，都十分讲究。

不少法国女人钟情于马赛皂，注重品质，

而不少热爱护肤的法国女人一直钟情于9世纪的马赛皂。

案例中的"法式刘海""茶歇裙""慵懒妆容""咖啡"等词汇，是构建购买环境的重要元素。让用户看到他们想成为的模样——这就是文案人在目标用户和产品之间找到的连接点。

2. 第二步，根据连接点把控整体风格

风格把控应涵盖文字、配图、排版、背景音乐及视频背景设计等要素。首先，文案人需确保排版设计不影响阅读体验，避免喧宾夺主。排版的根本目的在于引导用户顺畅地完成从首句阅读到最终下单的完整流程。其次，文案人必须让排版风格、文字风格与产品调性保持一致。排版犹如店面设计，其本质是为用户服务——正如我们不会在麦当劳购买项链，也不会在高档商场选购一元一双的袜子，这正是品牌与产品调性统一性的体现。

3. 第三步，用第一句话定调氛围

文案的第一句话并非促使用户立即下单，而是引导用户继续阅读第二句话。文案的开篇段落如同电影的开场白和图书的序言，直接决定了用户是否产生兴趣并愿意深入阅读。下面我举一个例子进行说明，如图4-5所示。

听说,

大洋彼岸的塞纳河边,

法国梧桐树上的第一片黄叶,

正期待着踏上风的旅程!

我知道,

秋,一定会来的!

普罗旺斯的秋

芬香浓郁的薰衣草,
在普罗旺斯怡然自得;
成熟饱满的粉色西柚,
装满南法的热烈骄阳;
洁白的木棉花,
吸饱了夏日养分;
海岸线上的橄榄木,
开始散发出沉稳的悠香。

地中海的秋

地中海的清风,
送来海盐味的亲吻;
青绿色的马鞭草,
喝着最充沛的雨露;
火辣的野玫瑰,
尽情地绽放;
垂涎欲滴的橘子花,
等待着被温柔摘下。

图 4-5　购买场景案例示范

图 4-5 中的第一句话旨在奠定基调，将用户引入特定的氛围场景。文案的排版与文字风格需和品牌调性相契合，如"秋日法国浪漫"主题的视觉呈现强化了购物场景的氛围感。

线上购买场景的视觉表达应保持统一，包括公众号排版风格、电商详情页设计、直播间布置，以及主播的服装、妆容与道具等元素，均需服务于整体品牌调性的营造。

（三）使用场景

构建使用场景是指通过特定营销手段，为用户营造已拥有产品的体验感。常见的实现方式包括 7 天试用服务、7 天无理由退换货、产品小样试用、电影前 5 分钟试看、短剧前 18 集免费观看等。这些策略旨在让用户在购买前就能提前享受产品带来的价值，从而有效激发用户的购买欲望，促使其做出即时购买决策。

北京某高端民宿的文案如下。

认真生活的人，带来温暖，创造奇迹，书写人生。

睡到自然醒的第一缕阳光，微微有些刺眼，让人想要赖床。昨日晒过的被子，真是好闻的味道。

松散的时光里，阳光下飞舞的尘埃都别样活泼，让自己有借口奢侈地发个呆。

人们在这边刷着牙，景色就那样随意地从四处闯进来。

门里，窗外，镜中，大片小片的绿，让人一时间不知看哪里才好。

该案例通过刻意营造的慢生活氛围，与北京固有的快节奏生活形成鲜明对比。文案运用特定的文字风格、断句技巧及标点符号，生动呈现充满烟火气息的生活场景。其中，"阳光""尘埃""大片小片的绿"等意象的运用，成功构建出轻松美好的氛围，精准呈现了目标用户所向往的生活。下面再看一个案例。

咖啡，

豆你 DIY·细味品质生活。

年中折扣狂欢，

拼配咖啡豆，买 3 赠 1，

随时随地 DIY 门店专业咖啡。

咖啡时间，

下午三点，忙碌的办公室，

煮一杯蓝山拼配，小息自诩，疲劳尽消。

该案例源自我为太平洋咖啡创作的京东店铺首页文案。该案例通过构建"下午三点"与"忙碌的办公室"的咖啡饮用场景，采用渐进式引导策略，逐步促进用户下单。在场景化文案创作中，重点在于充分调动用户的五感体验，以实现对消费场景的全方位呈现。

三、"专家"影响力

当你读到本书这一部分时，相信你已经掌握了关键的文案创作技巧。假设现在接到一份关于龙井绿茶的文案合作邀约，你是否具备足够的信心完成创作？

在此分享一个教学案例。2019 年，我的一位私教学员在完成课程学习后，我为他安排了一个护肤品文案的撰写任务。他表示对护肤品领域缺乏了解，难以胜任。随后，我将护肤品更换为黑芝麻丸产品，他再次表示从未接触过此类产品，不知如何下笔。当我询问他希望撰写哪个领域的文案时，他提出希望尝试课程类文案。考虑到演讲课程的用户群体较为广泛，我便安排了关于提升演讲力的课程文案撰写任务，然而他依然表示无法完成。

正是这位学员出现的问题启发了我，促使我深入思考"专家"影响力这一概念。一个值得探讨的问题是——为什么掌握了大量文案技巧，却未必能创作出优秀文案？关键原因在于行业专业知识的缺失。

例如，第一位销售人员精通各类营销技巧，能言善辩，但当被问及专业问题时却避而不答；第二位销售人员虽不谙销售话术，但对产品性能了如指掌。作为消费者，你更倾向于选择哪位？调研显示，多数人会选择后者，原因在于其展现出的专业素养更能赢得消费者的信任。这种专业形象所建立的"专家"影响力，正是文案创作中不可或缺的关键要素。

维特根斯坦说过，我语言的极限，就是我世界的极限。我所知道的东西仅是我可以用语言表述的。

若要在特定领域展现出专业水准，大家就必须真正掌握该领域的专业知识。在行业文案创作实践中，文案人需要掌握快速建立行业专业知识体系的方法。基于此，我总结出三种实用方法，分别是框架学习、表层知识掌握和隐层信息挖掘。

（一）框架学习

框架学习是一种系统性获取知识的方法论，其核心在于"先整体后局部"的学习路径。本书的目录设计即体现了这一方法论：第一章通过"文案人六级晋升阶梯"，为读者建立全局认知框架；第二章至第五章依次深入讲解复制力、情绪力、传播力和变现力等核心要素；最后一章则回归文案创作的本质进行深度剖析。

为说明框架学习的重要性，我们可以设想另一种教学方式。若要求学员直接进入写作实践，或采用碎片化教学——今日讲授消费心理学，明日解析开篇技巧，后日讲解金句创作——这种缺乏体系的知识传授方式必然会让教学效果大打折扣。

在快速学习专业知识的过程中，采用"先框架后局部"的学习方法能够建立更系统的知识体系。我建议文案人在研读专业图书时，先通过目录建立整体认知框架，再逐步填充具体知识内容。以黑芝麻丸产品为例，文案人可将其专业知识划分为发源地、原材料、制作工艺、历史典故、功效及口感等核心模块进行系统性学习，待框架确立后，再深入研究每个模块的细节。具备行业专业知识的文案人在撰写相关文案时具有显著优势。这种框架式学习方法，能有效帮助行业新人快速建立对产品的体系化认知。

有了框架之后，文案人若想获取更深层次的专业知识，则需要通过更专业的渠道进行深入研习。

（二）表层知识掌握

表层知识是指通过公开渠道可获取的基础性行业信息，公开渠道包括但不限于专业图书、网络资源、电商平台详情页，以及知乎、在行等知识分享平台。以护肤品行业为例，文案人可通过系统浏览护肤类科普节目、行业公众号、微博美妆博主的博文及小红书种草笔记等内容，掌握皮肤组织结构、产品成分和功效原理等专业知识。虽然护肤品属于大众消费品类，但具备专业知识的文案人与完全外行者所呈现的文案质量存在显著差异。

获取表层知识并不难，关键在于培养快速学习与信息整合的能力。在我设计的净水器文案实训课程中，多数学员通过系统性学习，仅用24小时就掌握了基础专业知识框架。

学员"明月落"：现在你问我哪家滤水器最合适，我能马上说出各个品牌滤水器的性能差异。

学员"繁亦简"：我重点研究了这个滤芯到底有什么用，每一层都能过滤什么。

学员"杨同学"：通过检索专业术语，结合电商平台详情页的直观展示，我已建立完整的净水知识体系，并深入探究水质安全对人体健康的影响。

掌握表层知识即可显著提升文案人在与普通消费者沟通

时的能力。然而，若大家需要撰写面向企业客户或专业人士的行业文案，则必须获取更深层次的行业知识，特别是那些非公开的隐层信息。

（三）隐层信息挖掘

隐层信息是指行业内非公开的专业知识。这类信息在特定场景下具有重要价值，如文案人在撰写深度技术分析文案或创作面向专业受众的文案时，均需运用隐层信息作为核心支撑。获取这类信息并不难，只需从以下三个方面进行挖掘。

1. 行业内部专业人士

行业内部专业人士具备获取一手资源与信息的独特优势。这些资源与信息的价值不在于理解难度，而在于获取渠道的专属性——普通用户通过常规网络搜索无法触及。当文案人能够准确运用此类专业知识时，往往能显著提升用户对其专业度的认可。

2. 品类资深用户

资深用户通常指在特定领域具有深度使用经验与专业认知的群体。例如，我从 20 岁起坚持每日防晒，年均消耗防晒霜 10 瓶，按照"一万小时天才理论"的标准，我算得上专家级的资深用户。基于长期实践，我能够准确评估各品牌防晒产品的性价比、成分安全性，以及物理防晒产品的透气性和化学防晒配方对敏感肌的适用性等，因此撰写相关文案时可以做到游刃有余。然而，我在数码产品领域则缺乏专业认知，因此在撰写相关文案时，我会咨询 IT 从业者及电子科技爱好者等专业人士，从中获取具有参考价值的行业洞见。

资深用户的价值源于其长期的产品使用经验或对特定领域的热爱，这促使他们对市场产品进行持续且深入的研究。这类用户掌握的信息通常具有全面和可靠的特点，在某些情况下，其信息价值甚至可能超过行业专业人士的认知水平。

3. 行业内部链接组织

我在投资理财领域的专业积累并非一蹴而就，初期为理财类产品撰写文案时，因专业度不足而屡遭客户质疑。为了突破这一瓶颈，我采取了以下提升路径：首先通过创新的知识整合方法，打破了网络知识碎片化的局限；其次通过报名参加专业培训实现深度学习，其间不仅担任班长职务，更获聘为兼职助教，由此全面掌握了课程体系、学员服务机制及教学运营细节；最后将理论知识与实践经验有机结合，显著提升了文案创作的专业水准。此后，我创作金融理财类文案的效率与质量同步提升，同时保持每月研读投资理财与商业分析类专著的习惯。随着专业素养的持续提升，我创作的投资类文案的市场价值也相应提升。

行业人脉网络可通过多元化渠道实现构建，主要包括线上教育平台、行业领袖组织的线下交流活动及专业展会等。这些渠道为从业者提供了高效对接行业精英的机会。例如，我作为品牌营销咨询顾问，通过项目合作形式与各领域专家建立了深度联系，这些专家包括中国科学院自动化研究所前商业导师、真功夫创始团队成员、万达集团前高管及长隆集团营销负责人等。这种基于业务合作的链接方式，相较于普通从业者的社交途径，更能促成高质量的专业交流。行业内部人士获取关键信息的效率显著高于外部人员，这种专业优势直接体现在文案创作的深度与专业度上。

具备"专家"影响力的文案人需掌握系统的专业知识，只有这样才能深入理解并准确传达产品的核心价值。2020年，在某工作室与中国平安的合作项目中，我指导学员每月完成近百篇保险类文案的创作。经过半年的专业训练，学员从最初缺乏行业认知的新人，逐步发展为能够熟练运用保险专业术语，并具备评估保险产品实际性价比的专业人士。文案人的专业能力提升体现在文字表达能力的提升、行业专业知识的积累、专业思维方式的养成三个方面。

四、超级影响力

（一）超级卖点提炼三步骤

超级影响力的构建源于对产品超级卖点的精准提炼，其关键在于让用户确信该产品是解决特定痛点或实现理想状态的最佳选择。通过系统分析爆款文案，结合用户需求、产品特性及市场竞争格局研究，我提炼出超级卖点的计算公式：超级卖点＝用户场景＋独家卖点＋市场优势，如图 4-6 所示。为了便于理解，下面借用法国某纯植物防脱发洗发水的案例，详细示范如何提炼超级卖点。

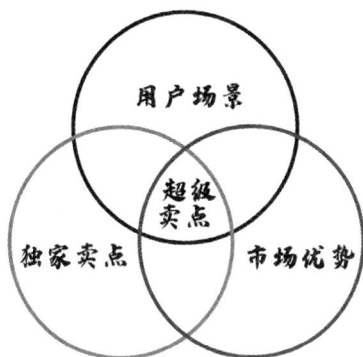

图 4-6　超级卖点包含的要素

1. 用户场景

　　根据用户场景分析，该防脱发产品的用户场景可分为损失场景、购买场景和使用场景。在损失场景中，用户的核心痛点是脱发、掉发、断发问题严重，以及头皮油腻等困扰。在购买场景中，考虑到该产品属于全球十大奢侈洗发水之一，单价较高，目标用户应具备以下特征：一是对纯植物头皮养护有较高要求，二是脱发改善需求强烈，三是自身消费能力较强。在使用场景中，文案人需着重提升用户体验，可从味觉、触觉、视觉等维度进行优化设计，以增强产品的使用愉悦感。

2. 独家卖点

通过对独家卖点进行梳理，我得出以下卖点清单。

（1）纯天然无刺激配方，改善头皮健康。

（2）50 年法国品牌积淀，防脱发效果有历史数据验证和好莱坞明星用户见证。

（3）低泡植物配方，蕴含天然蜂蜜成分，散发清新香气。

3. 市场优势

通过对竞品进行深入调研，我发现当前防脱发洗发水市场普遍存在以下三大问题。

（1）功效验证不足：产品实际效果存在明显个体差异，核心成分功效缺乏权威认证。

（2）使用体验欠佳：多数产品采用传统中药配方，气味浓烈，影响日常使用。

（3）配方安全性存疑：普遍添加化学起泡剂，可能诱发头皮敏感、头屑增多等不良反应。

综合以上信息，该产品的超级卖点是：好莱坞明星青睐的健康养头皮固发防脱洗发水，纯天然清香。我将卖点撰写成短文案：闻得到的纯天然防脱发洗发水，坚持使用，帮助头皮恢复健康状态，清爽不油腻，连好莱坞明星都说固发防脱效果好！

具备超级卖点的短文案可广泛应用于品牌口号、线上线下海报、朋友圈、微博、今日头条微头条、短视频标题及脚本等。具备超级卖点的长文案，则以该超级卖点为主线，将其他卖点作为补充，常见于公众号推文、知乎回答、小红书笔记、今日头条长文、中长视频脚本及纸质宣传手册等。

（二）超级卖点三大句式

有了超级卖点，文案人就需要对其进行精准有效的表达。遣词造句仅是文字层面的呈现方式，呈现超级卖点需要更顶层的设计。在语言风格上，文案人需结合目标用户的兴趣爱好、认知水平及甲方客户的具体要求等因素，综合确定适宜的表达方式。其风格既可以是严谨专业的风格，也可以是活泼生动、带有情绪感染力的网红种草风格。

然而，在绝大多数文案创作中，有一条原则适用于 90% 以上的情况，即语言应浅显直白、简单易懂。这样的文案或许并非金句，也未必刻意制造悬念或渲染情绪，但只要运用以下三大超级卖点句式，就能显著增强影响力。我通过拆解总结，提炼出以下三个超级卖点句式，旨在帮助文案新人快速提升语言表现力。

1. 超级卖点 + 用户收益点

超级卖点指核心卖点，收益点指用户从超级卖点得到的好处。

例如，"纯天然蜂蜜馨香，再也没有难闻的中药味，发丝间散发淡淡的高级香！"超级卖点是"蜂蜜馨香"，用户收益点是"再也没有难闻的中药味，发丝间散发淡淡的高级香"。

又如，"懒人必备防脱喷雾，随时随地喷一喷，24 小时养头皮稳发根！"超级卖点是"随时随地喷一喷"，用户收益点是"24 小时养头皮稳发根"。如果把产品换成保温杯，文案可以改为"持久保温，一整天都有温开水护着你的胃"。其中,"持久保温"是超级卖点,"一整天都有温开水护着你的胃"是用户的收益点。

运用"超级卖点 + 用户收益点"的句式就是前半句从产品角度写超级卖点,后半句从用户角度写因超级卖点获得的好处。

2. 损失场景 + 产品解决

一旦发现脱发,
说明头部毛囊出现问题,
很难自行修复。

日益后移的发际线,
根根分明的发量,
又毁颜值,又显老!

更可怕的是,法国专家曾声明,
如果持续一年多长不出头发,
毛囊将不可逆地坏死,
也就是说,再也长不出头发!

品牌洗发水的第二代传人说过,
防脱固发重点在于头皮养护。

案例前两段都是损失场景,且损失程度层层递进,从"一旦发现脱发"到"日益后移的发际线",再到"毛囊将不可逆地坏死",甚至"再也长不出头发",用户的损失感痛点层层升级，最后一句亮出产品解决方案"防脱固发重点在于头皮养护"。

如果把产品换成充电宝，同样可以用"损失场景＋产品解决"的句式创作文案"每次充电找线、配线太麻烦，三种充电线一体的充电宝了解一下"。其中前半句"找线、配线太麻烦"是典型的损失场景，后半句"三种充电线一体的充电宝"是产品解决方案。

3. 使用数字＋使用效果

使用数字是指通过具体的时间、次数或用量来体现产品效果。"使用数字＋使用效果"的句式旨在突出见效快、用时短的特点。例如，卡姿兰的"3秒大眼"和OPPO的"充电5分钟，通话2小时"的文案均使用了该句式。

坚持使用3个月，脱发明显减少，你可惊喜地发现新生的小碎发和绒毛发，头皮恢复健康，头发不再一抓掉一大把！

案例中的数字呈现是"使用3个月"，也可以是"××天""使用××次"，或者"使用××量"，具体数据能够直观展现产品效果，增强用户感知。

在运用以上三个超级卖点句式时，我建议每个卖点单独用一句话呈现，避免贪多求全、一次性堆砌多个卖点和收益点。例如，A夸奖C："你个子高、头发长、皮肤白、勇敢又上进。"B夸奖C："我觉得你说话特别温柔、充满力量，让我感到温暖和安全。"

虽然A对C的夸奖更全面，但大多数人认为B对C的夸奖更打动人心。这是因为深入挖掘一个核心卖点，比分散罗列多个卖点更能触动人心。传播的核心在于聚焦一个关键点来引发共鸣，而文案作为传播影响力的载体，同样需要遵循这一原则。

影响力的核心在于超级卖点，超级卖点的核心则在于商业分析与有效表达，这正是文案创作背后更深层的商业逻辑。我有不少学员仅凭掌握这一关键点，就顺利入行品牌策划公司或世界500强企业担任产品经理，甚至与国外客户达成商务合作。一些从业多年的文案人，在领悟这一点后也常有顿悟之感。

变现力

第五章

引爆变现力

财富升级的本质是认知升级，而非单纯的技能
累积。认知水平直接决定了商业变现能力的
上限。

我有幸完整走完了"文案人六级晋升阶梯"。对我而言，比赚取财富更重要的是，我最终成为自己想要成为的人。赚取财富并非初衷，它只是衡量文案人能力的一把标尺。需要明确的是，并非越专业的文案人能获得越多客户，而是越懂得变现之道的文案人能积累越多财富。提升文案变现力的过程，本质上也是认知升级的过程，这才是真正的变现力所在。

在"文案人六级晋升阶梯"中，只有新人期的文案人主要依赖运气实现变现，而上升期、平台期、顿悟期、革新期和通关期的文案人都能稳定地实现不同程度的变现。每个发展阶段都对应着特定的变现路径和量级标准。

▚ 第一节　能力变现

一、动作引导变现

好文案是变现力的基础，而衡量销售文案好坏的唯一标准就是其促成交易的转化效果。百度前副总裁李靖曾提出影响消费决策的六大成本理论，即金钱成本、形象成本、行动成本、学习成本、健康成本和决策成本。专业的文案人必须预先洞察用户的决策顾虑，通过文案促使他们立即下单。这意味着文案结尾的引导转化环节至关重要。基于对大量爆款销售文案的深度分析和实战验证，我总结出以下四大引导变现的因素。

（一）营造场景体验

广告大师托尼·考克斯说过，优秀的文案必须具备视觉化的想象力。如何实现这一点呢？关键在于通过文字与图像的配合，为用户营造产品试用的沉浸式体验，唤起他们内心的渴望。

1. 使用场景

睡前用——肤白干爽不油腻

晚上睡前薄涂一层，立马干爽不油腻。

早上起来，脸上干干爽爽，没有油腻感，肤色都提亮了一个度。

白天用——打造素颜美肌

更棒的是，它还是打造素颜美肌的秘密武器。

上班懒得化妆，着急出门约会，短途旅游在外过夜，涂上它都能帮你立显气色，毛孔显小了，皮肤显白了，怎么看都是素颜美人。

随身带——即时控油散粉

夏天皮肤爱出油，随身带着它补妆，油腻腻的皮肤一下就清爽干净了，时刻保持好状态，这么好用的东西，我现在根本离不开它了。

不光晚上用它来护肤，短途旅行、平时上班、临时出门或者家里来客人时，我都薄涂一层，整个人一下子就有了气质，比化完妆还要自然、好看。

通过细腻的文案描述并搭配使用前后的对比效果图，用户能够直观感受到晚安粉带来的美好使用体验。同理，展现损失场景同样有效——让用户意识到若不立即购买产品，将承担较大的成本代价。

2. 损失场景

那些旺季没买车的人，后来都怎么样了？

　　　　　花了高配的钱，买了低配的车

对整个汽车行业来说，年底是卖车的黄金期。经销商纷纷推出大幅度的优惠来吸引客户。折扣力度前所未有。因此，大家在这一时期非常容易买到价格实惠的爱车。

原本你能购买顶级配置的车型，错过优惠期，到时你就只能选择低配版车型。

　　　　　交通基本靠走，社交几乎没有

你的生活半径，与交通方式直接挂钩。

有车，你可以同城或同省任意游，挑个周末就可以去踏青、走亲访友。没车，你只能忍受拥挤的公交或地铁，在公共交通工具不能直达的地方，还得步行前进。

一旦出行不便，原本欢乐的聚会、拜访等社交活动会大量缩减。

不及时买车，你就只能继续承受这份辛酸！

冬季严寒，没车难保暖

相信全国各地的伙伴们，已经领略过前一阵降温的严寒，今年冬天很有可能又是冷冬。

天气的变化直接关乎路上冷不冷！你想象一下，在寒风刺骨的冬日早上，耳朵和手都冻到发紫，一步步艰难前行的场景……

即使为了保暖，你也急需一辆遮风挡雨的爱车！

案例中的损失场景被文案人描述得十分生动，细节越丰富、越贴近现实生活，用户就越能获得直观的感受。

3. 购买场景

经销商借着购物节冲销量，优惠不断。易车更是投入了前所未有的广告经费和高额补贴，旨在打造一场最强购车狂欢节。只要你在此期间成功购车，即可参与瓜分 500 万元现金红包！点击文末"阅读原文"，了解最强购车狂欢节，领取更多豪礼！

上述案例运用"前所未有""最强购车狂欢节""高额补贴"等极具冲击力的促销话术，成功营造出类似线下促销节的强烈购买氛围。在实际操作中，大家可以灵活组合运用以下三种场景体验策略：使用场景展示、损失场景警示和购买场景刺激。这种组合式的场景营销手法能更有效激发用户的购买欲望。

（二）呈现"购买机会难得"

购买机会难得最直观的呈现就是限时限量！

最给力的是,这次趁着3周年店庆,我们跟品牌方拉锯了半个月,给大家提前安排上"双十一"的活动!

吹风机单个原价299元,店庆价199元;吹风机三件套原价379元,店庆价279元,统统立省100元啊!(之前原价买的顾客求求你们不要打我,这个价格真的史无前例。)

敲黑板,好价错过不再有,店庆结束后就会恢复原价,快抢!

案例中的"3周年店庆""好价错过不再有""店庆结束后就会恢复原价"为消费者设定明确的时间节点,从而营造出强烈的购买紧迫感。

在特定营销语境中,"稀缺性"往往与"高价值"直接关联——机会越难得,感知价值就越高,对消费者的吸引力也就越强。以某国际快消时尚品牌为例,其营销策略极具代表性,所有新款均采用小批量生产模式,商品在上架10天内必然售罄。其忠实消费者群体普遍认为,如果看中某件商品却未立即购买,很可能永远错失机会。

(三)均摊成本

潜在消费者在做出购买决策前,往往会进行心理价值评估,权衡这笔支出的合理性。例如,购买护肤品时,他们会考量"这笔投入能否带来美丽蜕变";为孩子报钢琴课时,则会思考"这项教育投资能否产生预期效果"。优秀的文案人能够预判并主动解决潜在消费者的这些疑虑,通过清晰直观的效益分析,帮助消费者简化决策过程,使其更放心地购买。

我们还为大家争取了 1 盒 78 元的福利价，让大家足足可以使用 12 次，比去美容院洗一次脸还便宜！

该案例将一款可以使用 12 次的面膜写出了划算感，"1 盒 78 元""足足可以使用 12 次"，把比较贵的单价通过使用次数"平摊"了。

前 100 名可领 10 元优惠券，

到手价：79-10=69（元）。

共包含 15 节课，每节课仅需 4.6 元，

课程永久保存，随时回放，

点击进入课堂，

享 10 元限量减价。

该案例巧妙运用限量策略与成本均摊法，通过"每节课仅需 4.6 元"的表述成功展示价格优势。

成本可以均摊到"每一天""每一次""每一课"等，文案甚至可以变成"对于喜欢的东西，越早买越划算，花同样的钱，但是它更早出现在了你身边"，重点就在于"怎么划算怎么算"。

（四）转换心理账户

心理账户是由 2017 年诺贝尔经济学奖得主、行为科学家理查德·塞勒提出的概念。塞勒认为，人们会将不同用途的资金划分到不同的心理账户中，且对不同类别的产品存在差异化的心理定价预期。由于心理账户的差异，用户的消费

意愿也存在显著区别。例如，多数人可能认为花费5 000元购买高端智能手机是合理的，但用于一顿餐饮消费则是奢侈行为。

价格的高低是相对的，人们需结合其在行业中的定位来判断。例如，一瓶售价1 000元的洗发水位列全球十大奢侈洗发水之列，其目标用户应为高净值人群。从心理账户的角度来看，1 000元的洗发水可能比5 000元的手机更令人感到昂贵。转换心理账户的精妙之处在于，它能让原本只愿意花5 000元购买手机的用户，转而接受1 000元的洗发水。

×× 品牌空气净化器，

除去超90%的过敏原。

粉尘、花粉、二手烟、宠物皮屑、尘螨，

一键开启，一扫而空。

福利价只要999元，

轻松使用10年。

平均每天花不到3毛钱，

就能守护全家人的健康。

该案例来自我的学员"茵茵"，用"平均每天花不到3毛钱，就能守护全家人的健康"，将消费行为转化为对家人健康的投资，让用户乐意下单。

转换心理账户的关键在于强化用户的获得感，使消费行为不再局限于单纯的支出，而是转化为一种自我提升或情感满足的方式。例如，用户可能为了追求健康而消费，可能为了创造财富、职业发展、投资理财而支出，也可能出于对亲友的关爱而消费，如保障父母健康、提升子女教育质量等。在这种心理机制下，用户的消费行为不再被视为单纯的金钱消耗，而是一种更具价值的投资。

值得注意的是，引导变现的行为应作为促使用户完成购买的最后环节，而非初始步骤。只有当核心卖点提炼精准、目标用户画像清晰、竞品分析充分到位后，引导下单才能自然实现。这才是文案变现力的本质所在——变现力并非仅体现在最终环节，而是贯穿于整个营销体系。

二、九大变现路径

在文案变现力体系中，我把不同成长阶段的文案人的变现路径进行了系统划分。只有准确定位自身发展阶段，拓展行业视野，文案人才能实现更高效的价值变现。

财富升级的本质是认知升级，而非单纯的技能累积。那么何为认知？我认为，认知是支撑个体做出决策的底层价值体系。对文案人而言，其认知水平直接决定了商业变现能力的上限。

基于多年实践经验和教学成果，我系统梳理出文案人的九大变现路径，以帮助文案人提升变现效率，实现职业发展。

（一）兼职文案创作

兼职文案创作是文案人能力提升的重要阶段，文案人可通过承接商业文案订单来系统提升文案创作能力。作为最基础的变现路径，兼职文案创作既是跨行业从业者的必经阶段，也是系统掌握商业文案创作的有效方式。

从专业培训的角度来看，我建议通过以下方式提升兼职文案人的创作能力：在指导实践中，我会将预算适中的商业文案订单分配给新手创作者。原因如下：其一，新手创作者的首篇稿件具备实际过稿的可能性；其二，将比稿人数控制在 3 ~ 5 人，确保能为每位创作者提供包括选题角度、结构框架、过渡衔接、金句提炼、标题优化、词语搭配及语法规范等方面的专业指导。这种训练模式能保证兼职文案人实现双重收益：成功过稿可获得报酬，未过稿则获得能力提升。以商业文案订单作为训练素材是最具实效性的能力提升方式。经实践验证，创作者在获得 10 次针对性反馈并进行专项拆解训练后，通常可达到稳定过稿水平，从而实现职业能力跃升。

兼职文案创作阶段是创作者获得文案创作知识的重要过程。初入行业的创作者通过承接不同领域、不同平台的文案项目，既能熟悉各类文案的创作规范，又能逐步明确自身发展方向。这一阶段的真正价值不仅在于让创作者获取稿费，更在于让创作者通过持续训练实现专业能力的快速提升。

（二）入职企业专职文案岗位

与文案相关的工作有很多，如文案策划、新媒体文案创作、直播内容策划、短视频内容策划、视频编导、品牌策略规划、营销策划、产品经理、文案总监、内容主编及品牌顾问等。基于对文案人职业发展路径的调研分析，我系统梳理了处在不同发展阶段的文案从业者的岗位胜任力模型及对应的薪酬水平区间。

处于上升期和平台期的文案人，可从事文案策划、新媒体文案撰写、普通品牌策划及普通营销策划工作。

进入顿悟期的文案人，完全能够胜任直播策划、短视频策划、短视频编导、中端品牌策划、中端营销策划、中端文案总监、产品经理等职位。

处于革新期和通关期的文案人，凭借其专业素养和丰富经验，能够胜任高端企业的品牌策划、营销策划工作，也可成为头部内容主编、头部文案总监。

文案工作相比兼职写稿，更容易让文案人获得稳定收入，同时能够帮助他们在专业岗位上更全面、高效地提升业务水平。初级文案人可通过系统化工作快速提升文案能力；中级文案人可依托企业平台培养全局思维；高级文案人则能在客户对接中精进沟通谈判技巧，积累行业权威背书，甚至借助企业资源进行个人创意实践或创业尝试。

（三）服务于客户的自媒体账号

为客户打造具有传播力的自媒体账号，通常需要处于顿悟期、革新期或通关期的文案人来执行。这要求文案人能够精准把握用户画像、提炼独家卖点与超级卖点，并擅长进行场景塑造，具体内容如下。

（1）出圈定位。文案人要基于用户画像分析，结合独家卖点与超级卖点公式,打造既区别于市场现有定位,又符合目标用户偏好的差异化传播策略。随后,文案人要围绕该定位,在服饰搭配、妆容风格、视觉造型、场景背景及视觉排版等方面进行系统化的设计。

(2)选题规划。选题规划需围绕账号定位展开,具体包括 3 ~ 5 个核心选题方向,以及每月的内容发布数量和更新频率。

(3)产品设计。产品设计需围绕两大核心问题展开:"我能为用户提供什么价值"及"用户关注的理由"。完整的产品体系应包括引流产品、利润产品和高价值产品三个层级。

(4)变现路径的统筹布局。完整的变现路径包含四个核心环节:产品卖点提炼、变现路径规划、引流话术设计及促销活动策划。每个环节的精细化运营,都将为最终的商业转化提供有力支撑。

(四)打造个人自媒体品牌

为客户运营自媒体账号的收入存在上限,而经营个人自媒体品牌的收益没有上限。对于文案人而言,打造自媒体账号的变现模式不仅是从简单加法叠加到规模乘数放大的量变过程,更是实现指数级增长的质变飞跃。

文案人创建个人自媒体品牌后,可自然延伸出多元变现渠道,包括但不限于商业咨询服务、全案策划业务、线上线下培训课程、企业内训服务及出版业务等。

（五）知识付费产品开发

线上和线下的课程是文案人实现知识变现的高效途径。例如，在文案创作领域，处于革新期和通关期的文案人普遍具备课程开发能力。当前主流的文案课程开发路径可分为以下三种：其一，通过系统拆解爆款文案案例，提炼可复用的创作模板与经典公式；其二，基于自身创作实践，采用"教学—反馈—优化"的迭代模式逐步建立方法论体系；其三，综合运用前两种方法，实现理论框架与实践经验的有机融合。

（六）企业内训服务

相较于知识付费课程，文案人要开展企业内训服务（包括线上培训和线下培训），必须具备更强的专业能力。线上培训只需要文案人提前撰写讲稿，甚至可通过读稿完成录制；而线下培训更考验文案人的临场应变能力，并要求其掌握扎实的文案知识体系和方法论。此外，企业内训更注重解决实际问题，因此文案人需对目标企业所在行业有整体认知，了解行业现状与前沿动态，并能对未来发展趋势做出专业预判。

（七）全案项目策划

全案项目策划贯穿于文案人的多个职业场景，包括兼职撰稿、专职文案工作、客户自媒体账号运营及商业咨询等。具体而言，其应用范围涵盖品牌命名、产品命名、广告语撰写、单篇文案创作，以及客户账号的内容选题策划等。在专职文案工作中，文案人通常需要参与各类全案项目策划。

全案项目策划要求文案人具备全局视角和综合能力，因此更适合处于革新期和通关期的文案人。而处于平台期和顿悟期的文案人，可选择性参与部分环节。

（八）商业咨询与商业陪跑服务

商业咨询可分为三种类型：一为一次性商业咨询问答（如1小时专项咨询），二为长期品牌顾问服务，三为商业陪跑服务（包括实操指导与落地执行）。商业咨询适合处于通关期的文案人，服务内容通常涵盖文案策划与品牌策划的全流程指导。

商业陪跑服务注重为企业提供前期的策划方案，并在执行过程中定期进行动作纠偏，同时定制目标规划并对最终结果负责。我参与的商业陪跑项目涵盖多个领域，包括百年企业的品牌营销模式创新、传统养殖业的技术升级、餐饮连锁加盟招商体系建设，以及历史文化名城文旅产业的营销转型等。通过实践，我深刻认识到，文案人要提供优质的商业陪跑服务，不仅需要品牌营销专长，更需要具备行业深度认知、商务谈判能力及对企业整体运营的协同管理能力。优质的商业陪跑服务涉及组织架构优化、供应链管理、资本运作等多元领域。因此，文案人必须拓展商业全局视野，精准把握核心发力点，同时提升跨部门协作能力。

（九）专业著作出版

在九大变现路径中，出版图书的难度最大，且往往并非最盈利的选择。然而，时至今日，纸质出版物仍是行业权威的象征。其核心价值不在于图书本身的直接收益，而在于其带来的长尾效应。

除专业文案类图书外，文案人也可涉足剧本、小说、散文等多元创作领域。其中，剧本与小说创作具有较高的商业价值潜力——其核心收益并非来自图书版权，而是依托影视改编权实现变现。

九大变现路径并非彼此孤立，而是相互促进的协同关系。例如，通过积累运营客户自媒体账号的经验，可有效提升打造个人自媒体品牌的能力；而拥有开发知识付费课程的经验，则能为著书出版创造更有利的条件。因此，我建议文案人在九大变现路径中选择并构建多元化的变现模式，当单一路径的收益有波动时，其他路径可实现有效互补。真正稳定的变现不在于固守单一模式，而在于灵活把握时代机遇，确保在不同市场环境下都能持续获得商业回报。

三、超能简历变现

自我营销能力是文案人实现商业变现的核心竞争力，无论是撰写求职简历还是洽谈商务合作，都需要精准匹配对方需求。基于产品营销领域的"超级卖点公式"，我总结了职场的超能卖点公式：职场的超能卖点 = 客户需求 + 市场普遍痛点 + 简历卖点呈现。

例如, 我的学员"小妍"虽是大专学历, 但成功入职世界 500 强企业, 面试官表示相见恨晚; 我的学员"卿禾"完成从十年人事工作到品牌策划的转型, 入职即承担全案策划工作; 我的学员"墨韵雪"在一年的文案创作无果后, 经过两个月的系统学习即成功转岗; 我的学员"金花"在长期求职无果的情况下, 通过我的专业指导获得文案策划工作的入职通知; 我的学员"木槿暖夏同学"听了我的直播课程后, 成功入职文案岗位。这些成功案例印证了专业求职方法的重要性。

(一) 权威内容

知名品牌背书是建立专业权威的个人形象的重要途径。以我的学员"立君"为例, 她曾任职于新疆 4A 广告公司, 主导过茅台、中石油、中国农业银行等大企业的品牌策划项目。尽管具备丰富的服务经验, 但其专业价值并未得到充分认可。通过优化简历, 她的个人简介呈现如下: 曾为贵州茅台集团、中石油、中国农业银行等知名企业提供品牌策划服务, 愿意为您的创业项目提供专业支持, 助力加速成长!

当服务的企业缺乏知名度时, 我们可以通过以下方式提升专业背书的说服力。以我的一位学员为例, 其服务对象为电商上市公司"云集"——虽在业内具有影响力但大众认知度有限。优化后的专业表述如下: 服务过市值 200 亿元的上市公司。此外, 我建议大家重点突出与目标行业相关的权威资质, 包括但不限于行业认证证书、专业赛事奖项、重要项目成果等，这些都能有效增强个人形象的专业性和权威性。

（二）个人成就数据呈现

个人成就数据可从业绩成果与工作内容两大维度来呈现。业绩成果聚焦文案的实际商业价值，核心指标包括阅读量、转化率、销售额、粉丝增长率及私域流量导入量等量化数据。以我的学员"梅子酱"的简历为例，业绩成果部分的表述如下：我负责公众号整体内容架构搭建与主题策划，累计产出原创文章 100 多篇，2 个月内实现粉丝基数由 2 000+ 提升至 5 000+，平均阅读量稳定维持在 1 万次，单篇阅读量最高达 3 万次。此类数据化呈现方式能有效凸显从业者的专业价值与市场贡献。

从工作内容维度呈现个人成就数据应着重体现个人专业投入程度，通过"努力 + 结果"的双重维度展现个人专业价值。工作内容的核心指标包括行业服务年限、文案产出数量、内容创作体量及深度研究案例等。例如，我的学员"梅子酱"在简历里呈现下列内容：3 年专业文案工作经验，累计创作 30 万字商业文案，产出 150 余篇推广内容。这些工作内容让简历看起来更有分量。

（三）个人作品

无论是求职应聘还是与甲方洽谈合作，对方通常都会要求查看你的作品。即便个人头衔再光鲜，若缺乏实际作品支撑也难以令人信服。关于"代表作"的呈现方式，我的建议如下：首先，将专业相关性最强的作品置于简历最显眼的位置；其次，务必附上作品截图进行直观展示。值得注意是，切忌仅提供网页链接、二维码或简单罗列作品标题，因为每增加一个点击步骤都会降低作品的查看率。最有效的方式是直接将作品内容呈现在简历中，最大限度降低访问门槛。

如果你想进入全新领域但没有代表作，该怎么办？答案很简单：创造作品！建议你选取一篇已发表的文案进行拆解分析，找出其中的优化空间。如果时间允许，你可以根据分析结果撰写一篇优化后的完整文案。这种方式既能展现你的思考过程，又能产出实际作品，还能通过对比凸显你的改进方案。这相当于为自己创造了"超级卖点"。

（四）卖点排序

简历的吸引力不在于模板格式，而在于其能否精准匹配企业的核心需求。对于半路转行的文案人来说，如果你在大学所学的专业与文案工作毫不相关，我建议你将教育背景适当后置。相反，如果你的作品最能体现专业水平，你不妨将其截图放在简历最显眼的位置；如果你的工作经历最能证明能力，你就优先展示相关经历。总之，你要以企业需求为导向，灵活调整内容顺序。个人优势的排序可以借鉴产品卖点的逻辑——将最具竞争力的"超级卖点"放在首位，次要优势依次排列。

简历和自我介绍是文案人进入职场或开启轻创业的第一块敲门砖。超能简历应当具备四个关键维度：权威内容、个人成就数据呈现、个人作品和卖点排序。对文案人而言，简历本身就是最直接的变现工具，而你自己就是最好的产品。

四、朋友圈文案变现

朋友圈文案变现是个人品牌建设的起点，也是流量转化的终点。随着市场环境的变化，朋友圈文案已从早期的流量红利渠道，逐渐演变为个人品牌塑造的必要条件。作为商业品牌的微型展示窗口，朋友圈文案虽篇幅有限，但需要具备完整的营销逻辑。

需特别注意的是，朋友圈文案变现更适用于高频复购型产品。低频消费型产品（尤其是终生仅购买一次）不适合在朋友圈宣传。

（一）朋友圈文案的目标用户画像

为什么有些人在朋友圈带货的效果显著，而你在朋友圈推广却收效甚微？关键在于用户画像的差异——你的"朋友圈"与成功者的"朋友圈"存在本质区别。多数人仅停留在简单的复制粘贴文案的阶段，未能深入理解朋友圈营销的底层逻辑。要突破这一困境，大家可采取以下两种策略：首先，在借鉴成功案例时，需同步构建与之匹配的目标用户群体；其次，深入研究销售逻辑，根据目标用户画像精准匹配产品特性与文案风格。

下面来看一则反面案例，我的学员"藕豆豆"创作的朋友圈文案如下。

最近总有小姐妹向我诉苦，为什么会长鱼尾纹？我给你们"安利"一个东西，每天吃2粒，既能解馋又能变美。

护肤还是内调大于外养，再好的化妆品也没有原生的好皮肤自然。

这份文案存在以下三个问题。第一，目标用户定位偏差：年轻女性群体对"鱼尾纹"的焦虑程度较低，这个痛点不够精准。第二，核心卖点不突出："既能解馋又能变美"的卖点与普通食品（如酸奶）的卖点十分接近，同质化严重。第三，产品价值表述模糊：缺乏具体功效说明，难以让用户产生信任。

优化后的文案如下。

我最近吃这个××软糖上瘾了，

给你们安利一下！

刚入口是软糯糯的，

咬一口瞬间爆汁，

果味沁满整个口腔，

口感也太赞了吧！

"0糖""0脂肪"，

大家完全不担心长肉肉，

解个小馋，顺便变美。

在精准锁定年轻女性用户群体后，优化后的文案通过增强场景化描写并突出产品口感（而非单纯强调功效），最终被公司征用。凭借这条朋友圈文案，藕豆豆获得数千元的报酬。精准确定目标用户画像是创作优质文案的基础。

（二）朋友圈文案的布局

朋友圈文案变现存在两个典型误区：要么缺乏营销，要么营销过度。要避免这两个误区，关键在于做好内容规划布局。朋友圈文案包含人设圈文案、生活圈文案、专业圈文案及营销圈文案。

（1）人设圈文案的核心在于塑造高价值形象，通过内容输出让用户产生信任。其内容维度可包括个人成就展示、兴趣特长介绍、生活方式呈现、世界观表达、人生态度传递及具有个人特色的经历故事分享等。客户愿意和你长期合作大概率是因为你专业、靠谱、踏实。

（2）生活圈文案的核心价值在于拉近与客户、粉丝的情感距离。在撰写生活圈文案时，你需要把握两个关键原则：内容要具备话题性，能够引发互动讨论；在生活化表达中巧妙融入专业元素，实现软性价值传递，具体示例如图5-1所示。

图 5-1　生活圈文案示例

（3）专业圈文案的核心在于展示个人在专业领域的成长轨迹。专业圈文案应包含三个维度的内容：专业成就展示、客户认可案例及持续学习的过程记录。在创作专业圈文案时，你需要遵循"过程导向"的呈现逻辑，即通过"努力＋成果"的内容组合来塑造专业形象，具体示例如图 5-2 所示。

一方

#2025年企业新媒体营销第一讲！
一线实战经验模型，用数据解构新媒体，从价值观重塑品牌影响力～感谢暨南大学MBA 导师邀请～感谢领导、高管、MBA 同学们全程高能的学习、互动状态～
期待一起开启未来的更多可能性！

2025 年 2 月 16 日 14:17

图 5-2　专业圈文案示例

（4）营销圈文案的核心在于通过内容实现"润物细无声"的销售转化。这类文案可分为两种类型：直接引导消费的销售型文案和间接引导用户关注特定内容（如文章/短视频）的引流型文案。提供高价值内容比直接推销产品更能赢得用户认可，这种"先利他后利己"的营销方式往往效果更持久，具体示例如图 5-3 和图 5-4 所示。

一方

#比没有流量更痛苦的是什么？
哈哈哈 😂是爆款流量来了却接不住～
今天我花了 3 小时，为我的两位自媒体创业的
学员策划了执行方案。
第一步，算清账。
第二步，厘清流量布局。
第三步，搭建私域运营细则。
哈哈哈，折腾了半年，今天聊完马上变现。
用对方法，科学变现很简单！👏👏👏

2024 年 12 月 28 日 00:05

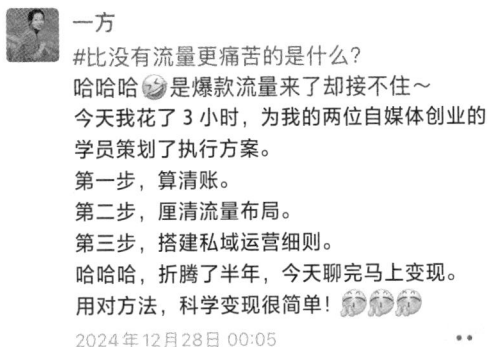

图 5-3 营销圈文案示例（一）

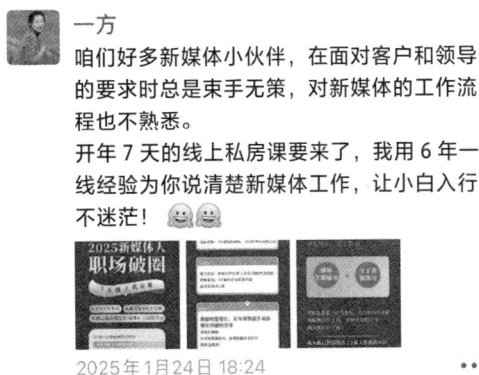

一方

咱们好多新媒体小伙伴，在面对客户和领导
的要求时总是束手无策，对新媒体的工作流
程也不熟悉。
开年 7 天的线上私房课要来了，我用 6 年一
线经验为你说清楚新媒体工作，让小白入行
不迷茫！😄😄

2025 年 1 月 24 日 18:24

图 5-4 营销圈文案示例（二）

　　另外，大家在工作日可适当增加专业圈文案的发布频次，
在节假日则宜侧重生活圈文案的发布。在营销推广期间，我
建议将人设圈、生活圈、专业圈与营销圈的文案比例控制在
1∶1∶1∶1，通过多元化文案的合理配比来降低营销内容的
集中度。

（三）朋友圈文案变现的三大关键时间节点

根据不同的时间节点，朋友圈文案一般分为三类，分别是销售前的预热文案、销售中的推荐文案、销售后的晒单分享文案。

1. 销售前的预热文案

（1）贴近自身故事，自然"遇见"产品。

简而言之，预热文案应避免生硬推广，应采用更自然的表达方式。例如，"一次偶然的机会，我接触到了××产品，发现它非常有趣"。这种表达方式与电影预告片的预热方式类似，能在产品正式上市前给用户营造期待感。

又如，过去三个月通过跟随一方学习文案写作，我深入理解了用户画像、产品分析、竞品分析及卖点提炼。更重要的是，我掌握了标题设计、开篇吸引、说服用户、引导下单等写作技巧。这些技巧都基于用户心理，是对人性的深刻洞察。如今，我的单篇稿费从300元提升至500元。文字有价值的关键在于对人性的洞察，对用户需求的理解，对商业思维的把握。

朋友圈文案采用娓娓道来的方式，将产品认知和个人成长自然融入生活场景，既真实可信，又不会给人一种刻意推销的感觉。

（2）与用户互动，引发用户好奇。

互动提问式朋友圈文案的优势在于能够激发用户的参与意愿。例如，"最近我发现眼周出现了细纹，请问大家有什么值得推荐的眼霜吗""今天照镜子时，我发现我的黑眼圈特别明显，各位有什么好的改善方法吗"……这类互动提问式朋友圈文案往往能够有效拉高互动数据，如点赞量和评论量。需要注意的是，大家在发布此类文案前应充分了解微信好友的关注点，确保提问具有针对性。

2. 销售中的推荐文案

那些年错过的女孩追不追没关系~

那些年掉落的头发必须长回来！

用一次夸一次的 ××，

育发很赞！

朋友圈文案变现的核心在于基于个人信任的销售模式，用户对个人的信任感会自然延伸到其推荐的产品。若仅以生硬的方式推广产品，而忽视与用户建立情感连接，你很难在朋友圈中与用户构建有效的信任关系。正确的做法是将用户视为朋友，以真诚的态度分享自己认可的产品，就如同向挚友推荐产品一般。如何快速拉近与用户的距离？最有效的方式是运用"吐槽""自黑""自嘲"等方式，从自身经历出发讲述痛点，以此引发用户共鸣，与用户迅速拉近距离。

3. 销售后的晒单分享文案

在朋友圈展示产品时，大家需注重内容与用户需求的相关性。售后文案的质量直接影响老客户维护和新客户开发的效果。需特别注意的是，大家应避免过于直白的二次销售引导，保持真诚自然的表达方式才是关键。

> 看我姐妹使用 ×× 品牌护肤品的反馈!
>
> 不好用的话，我真的不会推荐!
>
> 有的人能天天见，变化看起来不明显。
>
> 但一拿出照片进行对比，这气色! 这精气神!

在不同时间段发布的朋友圈文案的传播效果存在显著差异。准确把握发布时间能显著提升传播效果。根据观察，上班族刷朋友圈的时间呈现规律性。首先是上午 7 ~ 9 点，在这个时间段上班族通常在通勤路上，手机的使用频率较高。值得注意的是，上午在朋友圈发布内容的时间可以适当提前，因为人们的浏览习惯通常是一直刷到前一天晚上看过的最后一条。其次是中午 11 ~ 13 点和晚上 19 ~ 22 点，这两个时段分别对应午餐后和晚餐后的休息时间，属于手机使用的高峰期。

（四）朋友圈文案的亮点呈现

撰写第一句朋友圈文案需遵循四个核心要点：第一，句式需极度简练；第二，营造与朋友的对话感；第三，使用疑问句式或制造反差悬念以引导阅读；第四，注入鲜明的情感色彩，具体示例如图 5-5 所示。

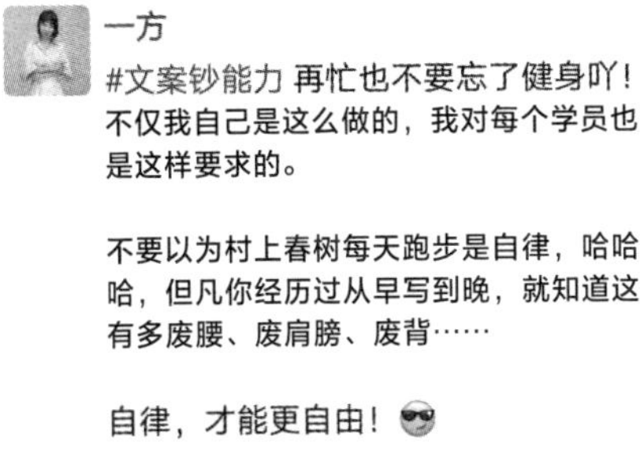

一方

#文案钞能力 再忙也不要忘了健身吖！
不仅我自己是这么做的，我对每个学员也
是这样要求的。

不要以为村上春树每天跑步是自律，哈哈
哈，但凡你经历过从早写到晚，就知道这
有多废腰、废肩膀、废背……

自律，才能更自由！ 😎

图 5-5　朋友圈文案示例

我的学员"小鹿"对图 5-5 的拆解分析如下。

开篇是感叹句，我看完的第一反应：为什么要健身？第一
句引出后文健身的内容，应该属于设置小悬念。"吖"字是灵
魂，活力满满，让这句文案很像朋友面对面交流时随口的一
句感叹，场景感强，代入感满满，亲切度十足，也有一定互
动性。

你是否注意到，朋友圈文案即使内容简短，也会采用分
段排版？通常每两至三行文字后空一行，这种格式是为了适
应移动端的碎片化阅读习惯。同时，使用"#"标签可以使文
字变为蓝色，实现手动高亮的视觉效果。在配图方面，我建
议选择贴近日常生活、具有高价值感和审美吸引力且画质清
晰的图片。若朋友圈文案超过五行，大家可将超出部分补充
在评论区。这种处理方式能确保无论用户是否点开全文按钮，
都能获取完整信息。

一份优质的朋友圈文案应具备两个核心要素，即收获价
值与有效互动。

收获价值既包括获得点赞、评论等社交反馈，也包括促成私聊沟通。屏幕前的互动越多，人与人之间的关系就越亲近。我会在朋友圈文案中设置互动引导，如将结尾设计为问句，主动邀请朋友参与讨论，见证我的成长。

如何实现有效互动？互动文案是文案创作的重要组成部分，我建议大家在收到评论后立即回复，最迟不应超过半小时。撰写互动文案时，大家应注重提炼金句，一句精彩的互动金句往往能显著提升互动效果。对于积极进行点赞、留言和私聊的人，我会主动给予点赞和评论等互动反馈。

创作朋友圈文案要遵循"吸引力法则"，重在展现价值而非刻意讨好。

◤ 第二节　品牌变现

近年来，"风口"与"红利"频频出现在大众视野中，似乎普通人只要抓住机遇就能实现财务自由。许多人误以为"追风口"就是追逐不同的热门赛道，于是为了抓住小红书的红利去学习图文排版，为了赶上短视频风口而钻研摄影剪辑，又为了直播风口研究直播间布置……如果你或身边的朋友曾这样做过，想必也看到了结果——疲于奔命，却收效甚微。为什么难以成功？粉丝不会仅仅因为你形象出众、布置的场景精美或话术熟练而关注你。真正吸引他们的是你独特的经历、有趣的故事、引发共鸣的观点、讨喜的性格，或是提供的恰好满足他们需求的内容等，这些都是你的核心竞争力。

凭借扎实的文案创作能力，我先后入局公众号、短视频、小红书、知乎等平台，持续打造爆款内容。真正的稳定并非一成不变的"铁饭碗"，而是无论市场如何变化，你都能保持稳定的变现能力。个人品牌的变现力以文案为核心支点，既能撬动个人热爱与专长，又能吸引粉丝，从而实现财富的持续升级。

一、打造自媒体品牌的误区

（一）打造自媒体品牌的 18 个常见误区

（1）认为自媒体都是"网红"在做，全是标题党，用户品位低。

（2）认为长得好看的人才能做自媒体。

（3）认为自己没有镜头感，不适合做自媒体。

（4）周围有太多人提建议、做决策。

（5）觉得万一火了会被人骂。

（6）觉得同行看见会笑话自己。

（7）觉得只要"砸钱"就能爆火。

（8）发布时间不规律，偶尔发布。

（9）"想发什么内容"就发什么，"有什么内容"就发什么。

（10）自己觉得很好（但用户不爱看）。

（11）尬演情景剧（费时费力不出效果）。

（12）认为靠"一部手机"、一个人就能做起来。

（13）直播带货自嗨（用户就是不下单）。

（14）账号简介很随意/很官方/很传统。

（15）不注意规避平台敏感词、算法限流词。

（16）聘请了团队但没有了解用人的指标和绩效考核要点。

（17）不同账号用一个网络 IP 地址发布视频。

（18）疯狂转发给自己的朋友/家人求点赞、关注、留言。

以上 18 个误区，使许多人在自媒体领域止步不前。历史发展往往呈现相似的轨迹——自媒体品牌化是经济发展的必然趋势。这正如当年电商平台的发展历程：初期，消费者担忧线上支付安全、货不对版等问题；随着企业、品牌方和官方机构陆续入驻，电商平台逐渐走向系统化与规范化，最终改变了大众的消费习惯。"酒香不怕巷子深"的时代已然终结，自媒体品牌化趋势不可逆转。如果企业不布局自媒体，客户根本无法找到你。

打造自媒体品牌是否必须拥有大量粉丝才能变现？许多人在经营个人品牌时过度追求粉丝数量，将"粉丝经济"的概念无限放大。他们误以为只要视频播放量高就能快速"涨粉"，而"涨粉"就意味着能赚大钱。更令人担忧的是，不少缺乏经验的普通人盲目投入推广费用，最终陷入"投流性亏损"的恶性循环。

在自媒体领域，粉丝数量与变现能力并非必然正相关。以我的一位朋友为例，他曾多次成功登顶珠穆朗玛峰，个人账号拥有 100 多万粉丝，但每月账号收入仅维持在几千元的水平，这就是典型的"百万散粉"现象。为什么粉丝多不一定能带来高收益？关键在于粉丝质量而非数量——1个忠实粉丝的价值往往超过1万个普通关注者。"1 000个铁粉"理论指出，只要拥有1 000个忠实粉丝，就足以实现稳定的财务自由。这些铁粉即使不直接消费，也会主动帮你传播和推广。

在自媒体运营中，"散粉"与"购买粉丝"都难以产生实际价值，原因何在？"购买粉丝"会严重干扰平台大数据对账号用户画像的精准识别。运营自媒体账号最致命的失误，就是让算法无法判断你真正需要什么样的目标用户——系统只能基于现有粉丝特征推荐具有相似偏好的用户。这就导致一个恶性循环：购买的粉丝越多，账号的定位就越模糊，最终账号沦为"废号"。值得注意的是，许多运营者误以为商业变现会损害与粉丝的关系。实际上，只有售卖劣质产品才会失去粉丝信任，而优质的产品和服务反而能培养更多忠实粉丝。

专业文案人在进行内容创作前就会规划完整的商业闭环，而非先积累粉丝再考虑变现。打造具有商业价值的自媒体品牌，需要在前置阶段完成四大核心布局，即精准定位、确定引流策略、设计变现和绘制目标用户画像。只有基于全局规划进行针对性的内容创作、变现路径设计和产品开发，才能构建真正具备持续变现能力的自媒体品牌体系。

（二）打造自媒体品牌的四个"不必"

1. 不必刻意追求完美

在打造自媒体品牌时，务必谨记：不必苛求人设的完美无缺,无须执着于细节的尽善尽美,更不必追求产品的毫无瑕疵。我曾指导过一位宝妈学员,她在决定做自媒体的那一刻,就试图在文案中塑造"带娃、赚钱、家务、运动"样样精通的完美形象。过度包装的人设不仅难以持续,其真实性也会被读者质疑。

不必刻意追求完美——真实感远比完美更重要,况且完美人设往往缺乏吸引力。只要你的"槽点"不会损害专业形象、业务体系或人品信誉,反而可以被适当放大,以此拉近与用户的距离。人设的核心在于建立信任感,而非塑造完美形象。这一原则在短视频平台尤为明显:粗糙的真实感常常胜过精致的刻意感。那些过度追求场景布置、灯光效果、服装造型的"高大上"视频往往反响平平,而爆款短视频大多以自然随性的形式呈现。

从商业逻辑来看,追求产品的绝对完美既不现实也无必要。用户真正需要的并非极致专业的内容,而是符合其当前认知水平的产品体验。我在翻看2019年首次研发的文案课程时,发现诸多可优化之处,但当时课程收获了大量好评,至今仍让学员受益匪浅——这已充分证明其价值。商业实践告诉我们,世上本无"完美",真正的成长在于与你的自媒体品牌共同成长。

2. 不必盲目跟风

在打造自媒体品牌的过程中,盲目追逐风口往往容易导致品牌定位混乱。许多运营者如同"无头苍蝇"般随波逐流,这正是需要警惕的误区。我建议运营者坚守专业领域,避免涉足与自身人设定位、变现模式毫不相干的热点话题。我们需要清醒认识到，播放量、阅读量等表面数据具有欺骗性，"散粉"同样难以产生实际价值。某些账号的定位特性决定了其商业逻辑——即便无法创作出现象级爆款作品，精准的粉丝群体足以支撑稳定收益。

3. 不必沉迷于推广投流

打造自媒体品牌本质上是一项商业创业活动，其核心价值不在于规模扩张，而在于实现可持续盈利。商业成功的关键不在于办公场地的规模或团队人数，而在于对投入产出比的精准预判与有效控制。

2014 年，众多淘宝店主沉迷于直通车推广，每天耗资十余万元却入不敷出，仍用"未来有长期收益"进行自我安慰。如今的自媒体领域同样存在类似现象——虽然确有极少数人通过巨额投流实现暴富，但绝大多数创作者并不具备这样的资金实力。从淘宝时代的"直通车操盘手"到自媒体时代的"投流推手"，商业底层逻辑始终未变。在任何平台、任何时期进行流量投放时，我们都必须严格遵循以下三个核心原则。

（1）投流原则一：产品和文案如果不行，投流就是浪费钱。

在电视广告、报纸广告和杂志广告盛行的时代，曾涌现出许多因广告投放而创造的商业奇迹。那些在关键时刻力挽狂澜的营销案例，往往成为业界传颂的经典。如今，随着商业运营和市场营销日趋规范化，投放流量、进行推广的关键已转向产品本身和广告文案。只有产品符合市场需求，才能有效承接流量；只有文案具备转化基础，才能实现投放资金的良性循环。

（2）投流原则二：控制成本，再高的销售额也抵不住入不敷出。

自媒体品牌的最大优势在于其轻创业属性，但我们能否真正实现轻创业，仍需考量投入产出比。许多公司的年营收虽达千万元级别，但管理人员核算成本后，纯利润可能仅剩一两百万元，这种现象在知名新媒体企业中也不罕见。相比之下，能实现盈利已属不易，更需警惕的是账目清算后仍处于亏损状态。我们必须谨记，无论销售额多么庞大，若长期入不敷出，终将难以为继。

（3）投流原则三：通过MVP模型验证投入产出比，再决定是否进行下一轮投流。

在投放流量、进行推广时，我们必须进行最小可行产品（Minimum Viable Product，MVP）测试，即在最小范围内验证目标用户的痛点需求和产品的实际转化率。其核心在于以最低成本快速检验产品及广告文案的市场表现。具体来说，我们可先投入100元进行测试，若能产生200元利润，则可追加100元投入；若仍能稳定获得200元利润，则可考虑进一步扩大投放规模。经过4～5次的测试后，若收益持续稳定，我们再逐步提高投放金额。例如，先投入1 000元，若能稳定获得2 000元利润，再依次尝试投入2 000元、5 000元等。这一策略强调小步试错，严格控制试错成本，避免盲目追求推广投放。我们应用科学的态度敬畏市场，确保每一笔投入都能获得相应回报。

4.不必追求快速成功

《孙子兵法》有云:"多算胜,少算不胜,而况于无算乎?"自媒体创业在本质上就是商业行为,做好前期规划往往能实现"不战而胜"。前期的稳扎稳打,恰恰能为后期的快速发展奠定基础,我们不必急于追求短期成功。我认识一位成都美食博主,其个人条件并不突出:颜值普通、文案水平一般,甚至在以辣著称的四川却吃不了辣。然而她从零开始,经过三年积累,成功收获了 20 万粉丝。虽然这个粉丝量在百万级博主云集的成都算不上多,也未能创造月入百万元的财富神话,但她每月稳定接 20 多个广告,能实现万元以上的月收入。只要她不违规操作,收入前景将持续向好。由此可见,普通人经营自媒体品牌,不必追求一夜暴富,而应将重心放在时间维度上,获得长期稳定的现金流。

打造自媒体品牌必须重视顶层系统设计。这一设计体系涵盖账号名称设计、品牌标语设计、个人简介撰写、内容架构规划、拍摄场景布置、服装造型搭配、道具配置、标题设计、流量引导机制、变现产品规划及运营执行方案等多个维度。若方向出现偏差,缺乏系统规划的重复性运营动作,反而会成为制约自媒体品牌发展的桎梏。

许多自媒体品牌发展受阻,并非因为运营者能力不足,而是因为运营者的认知误区导致运营效率低下。方法得当,努力方能见效。不要为流量打工,要让流量为我们打工。

变现模式的迭代升级未必代表运营者个人能力的提升,有时仅仅源于盈利路径的优化调整。

二、自媒体品牌变现定位

在当前市场上，大量短视频策划人员停留在模仿爆款账号却难以取得预期效果的层面。其原因在于目标用户的画像存在差异。那么，如何准确判断竞品账号目标用户的画像是否与自己账号目标用户的画像相匹配呢？仅通过账号内容推测用户画像存在较大误差，我建议大家借助专业数据分析工具进行精准判断。例如，大家可以通过蝉妈妈分析小红书用户数据，通过飞瓜数据研究抖音平台的用户特征。

平台提供的粉丝画像数据包含性别比例、年龄分布、地域特征、热搜关键词及内容偏好等核心维度，这些数据对账号定位与内容策略具有重要指导价值。例如，若某企业财务咨询师的抖音粉丝主要关注美食、生活随拍和亲子类内容，则表明现有粉丝群体与其财务咨询业务的目标客户存在明显偏差。粉丝画像数据具有双重功能，既可作为寻找精准对标账号的参考依据，又能验证当前账号吸引的粉丝是否符合预期目标群体的特征。

构建媒体品牌并非玄学，自媒体品牌定位需要有明确的逻辑框架。基于六年新媒体行业实践经验，我总结出自媒体品牌定位的公式：自媒体品牌定位 = 专业能力 / 兴趣或热爱 + 行业赛道 + 竞品不同点，具体内容如下。

第一步，梳理专业能力 / 兴趣或热爱。在"专业能力"与"兴趣或热爱"之间，大家应优先选择后者作为发展方向——专业能力未必能转化为持久动力，而真正的兴趣或热爱往往因为个人的持续投入发展成专业优势。

第二步，选择行业赛道。赛道选择直接决定变现潜力。例如，我在抗衰、普拉提运动、文案创作、外语培训和商业咨询等多个领域中，基于市场需求和变现空间考量，最终选定文案创作与商业咨询作为核心发展方向。

第三步，分析竞品不同点。需要注意的是，许多从业者容易陷入"竞品如此优秀，我该如何超越"的思维误区。实际上，市场评价标准具有多元性。例如，2019 年我受邀开设课程时，最初因仅有半年文案经验而犹豫，但转念意识到，新手取得的成果恰恰更能激励同阶段的学习者，这正是独特的市场价值所在。

例如，我的学员"立君"曾任职于业内顶尖广告公司，参与过很多世界 500 强企业的产品品牌策划工作，并主导过大型展会项目策划。凭借如此高规格的企业服务经验，立君完全具备跳过初级市场积累阶段、直接切入高客单价服务领域的资质。基于此，我为其规划了企业咨询、顾问服务、项目指导等高价值业务线，同时开发了面向企业家的营销课程与创业思维课程。她的账号最终定名为"立君 | 品牌快速起盘顾问"，该名称精准锁定企业级品牌建设需求。实践验证了这一策略的有效性：定名后的第三天，该账号就获得了高额策划订单。

在完成品牌定位升级后，立君将内容创作聚焦于新消费品牌快速成长策略分析，具体呈现为以下具有代表性的短视频选题方向。

（1）双链接爆款策略解析：某品牌如何实现单一产品双

渠道热销。

（2）小红书首投即爆案例研究：值得借鉴的新品推广方法论。

（3）盲盒经济背后的用户心理：解析精神消费的商业模式创新。

（4）国潮品牌突围之道：两个成功出圈案例的对比分析。

我建议希望提升个人品牌打造能力的文案人，长期跟踪并深度参与一个账号的运营全过程。优秀的个人品牌文案人应当注重实际成效，而非仅充当键盘前的流水线工人。文案人在评估文案效果时，除基础数据（如播放量、阅读量、点赞量）外，更需关注跳出率、完读率、完播率、用户互动量及播赞比等。文案工作不仅限于内容创作，还包括人设塑造、选题规划、粉丝互动运营等全流程工作。在产品层面，文案人既要在发布前严格把控内容质量，也要在发布后持续跟进用户反馈。

三、自媒体三大变现形式

在自媒体领域，一些红极一时的博主往往在一两年后销声匿迹，但是还有一些博主却能持续积累粉丝、保持影响力。这种现象背后的核心差异在于价值观的传递。真正具有持久吸引力的博主，能够将自己的观点、故事、思考和生活经历，以用户乐于接受的方式呈现出来。这种价值观层面的共鸣，不仅是长期吸引粉丝的关键，更是一个账号实现持续变现的根本动力。

与其受雇于人，不如自主创业。在自媒体平台变现有三种形式：短视频、直播及图文，三大变现形式的底层商业逻辑具有共通性。下面将重点探讨不同内容呈现形式的差异化运营策略。

（一）短视频

短视频主要分为剧情类短视频和口播类短视频两种形式，其中口播类短视频因其制作成本较低，更适合大多数创作者快速启动账号。从内容定位来看，口播类短视频可分为三类：流量型短视频、引流型短视频和人设型短视频。流量型短视频旨在提升播放量和粉丝量；引流型短视频着重于增加粉丝数量并促进销售转化；人设型短视频则专注于增强粉丝黏性。值得注意的是，若仅专注于制作流量型短视频，虽然可能会打造出爆款内容，但难以实现有效变现。

为什么模仿爆款文案却无法再现爆款效应？这揭示了短视频时代与早期图文公众号时代的本质差异。在图文公众号时代，优质内容即使排版普通也能获得成功；而在短视频领域，单纯复制爆款文案往往收效甚微。究其原因，短视频的爆款逻辑不仅取决于文案质量，更涉及出镜者多维度的表现力要素，包括语音语调、音色特质、方言口音、情绪表达、形象气质、服装造型等。值得注意的是，出镜者适当的口音反而能增强短视频的吸引力。此外，图文文案的情绪仅需通过文字传递，短视频则需要整合声音演绎、剪辑技巧和背景音乐等多重手段来共同呈现情绪。

一条经过市场调研后精心制作的短视频的传播效果远胜

于十条随意发布的短视频。以我为"00后"投资人打造的人设型短视频为例，"在轮椅上挣扎了1 000天，我终于站起来了：一个要强女孩的17年"，凭借极具戏剧性的视觉呈现和文案设计，最终实现播放量突破百万、点赞量过万的传播效果，并直接促成大额商业合作。值得注意的是，该账号此前发布的视频大多仅有个位数点赞量。

短视频创作需在追求传播效果的同时严守底线，明确创作禁区比掌握创作技巧更为关键。规避内容风险的重要性远胜于内容本身的质量，甚至优先于爆款潜力的考量。以下是短视频策划必须规避的四大风险，即使大家能获得流量也绝不能触碰。

第一，平台政策风险。此类风险具有周期性和时效性特征。创作者切忌抱有"他人违规未受处罚"的侥幸心理，平台政策是根本准则，且存在追溯处罚机制。

第二，导向风险。创作者应密切关注时政新闻和国家政策导向，切勿为博取关注而挑战社会公序良俗。

第三，事实臆测风险。特别是在涉及时事热点的论述中，创作者必须杜绝无依据的推测、揣测及虚构情节。

第四，历史杜撰风险。在公开平台上，创作者若虚构历史，将面临账号封禁的风险。

除上述宏观风险外，文案人还需注意诸多平台细则，如禁止跨平台导流、规避金融理财及医疗健康等敏感领域。我建议文案人坚守真实性底线，杜绝噱头营销和标题党行为，将真实可信当作内容创作不可逾越的红线。

（二）直播

我曾为一位销售专家提供个人品牌打造服务，其直播数据的变化颇具代表性。在合作前，该专家持续直播了6个月，场均观众始终维持在数百人规模。经过我的指导后，首场直播观众突破千人，次场更达到2 000人规模。我们通过"高级的销售，不做乙方"等精准选题策划，实现场均涨粉百人的效果，最终在两个月内创造30万元的实际收益。这充分印证了专业化直播运营策略的显著成效。

我将直播分为涨粉直播和带货直播。很多人以为直播就是主播面对镜头侃侃而谈，其实好的直播的每句话都需经过精心设计，针对目标用户群体进行精准策划。更为关键的是，主播或相关团队必须基于每场直播的实时数据反馈，持续优化话术结构，从而有效提升直播间的观众停留时长、实时在线人数及最终转化率。

1. 直播流程话术

（1）个人自我介绍。撰写个人简介时，主播可采用"亮点＋反差"的结构模式，通过简洁有力的表述突出核心优势。例如，"我是全球旅居的尼泊尔燕子""我是从师范生转型新媒体领域、拥有六年相关经验的一方老师"。

（2）开场打招呼话术。在直播开场的5～10分钟，主播可参考如下话术结构：先进行自我介绍，接着阐述本场直播的亮点及流程安排，再说明观众可从中获得的价值，最后引导观众持续观看至直播结束。

（3）引导关注直播间话术。在直播间引导下单时，主播需要向观众明确说明具体的操作步骤，并展示具有吸引力的引流福利。例如，主播可以引导观众"点击屏幕左上角头像完成关注""点亮粉丝灯牌参与互动"或"关注主播后私信领取免费体验装"等。

（4）引导互动话术。在直播间引导观众参与评论互动，有助于提升平台热度，进而优化系统的推流数据。例如，主播可采用如下话术鼓励互动："听懂的朋友请回复666""遇到过类似情况的观众请在评论区留言'遇到过'""在线的家人请在评论区敲下这句金句"。

（5）产品卖点话术。主播在直播前应围绕产品的核心卖点和辅助卖点，预先撰写完整的话术脚本。在直播过程中，主播要严格按照既定话术逐条讲解，尽量减少临场发挥。由于直播时主播处于高强度的认知负荷状态，因此充分的前期准备工作至关重要。

（6）新进观众打招呼话术。在直播过程中，平台会定时或不定时地向直播间推送自然流量。当观众数量明显上升时，主播应及时向新进入的观众表示欢迎，通过简要的自我介绍、概述本场直播的核心内容与亮点，并说明相关福利政策，有效促进新观众的留存。

（7）本场直播亮点话术。直播亮点话术具有类似目录的功能，主播可在各个环节灵活使用。主播通过简要回顾已讲解的内容，并预告接下来即将展开的环节（往往仅需简短介绍）即可有效提升观众的持续观看时长。

（8）引导下单话术。直播间的引导下单话术应包含两个核心要素：一是基于四大变现公式的转化策略，二是清晰明确的下单操作指引。例如，"请点击屏幕左下角 1 号商品链接，完成支付后即可获得该产品"。

2. 直播间基础数据

（1）平均在线时长。该数据反映了直播场景与内容是否具有吸引力，以及观众是否愿意持续观看。

（2）涨粉量。该数据反映了直播内容的吸引力、主播的个人魅力及引导观众关注的实际效果。

（3）场观。该数据反映了进入直播间的总人数，可用于分析自然流量及平台系统的推流情况。

（4）最高在线人数。该数据反映了平台系统推送的流量规模和直播内容的吸引程度。

（5）直播期营销额。该数据能够有效反映三个关键情况：产品的市场需求、目标用户的精准度及销售话术的转化效果。这些数据将直接影响下一场直播的自然流量推荐权重。

（6）直播时长。不同直播平台对直播时长的要求存在明显差异。以视频号平台为例，系统通常将超过 2 小时的直播认定为有效场次；单场直播时长为 4~8 小时还有助于提升平台推荐下一场直播的精准性。相比之下，抖音平台在账号初期更关注下播时的实时在线人数指标。

3. 直播间深度数据

（1）每小时在线人数与评论互动量。这份数据对于优化文案具有重要指导意义。每小时数据的升降变化能够精准反映直播内容的实际效果，为后续优化文案提供了明确方向。

（2）观众提问的数量与质量。这份数据直接反映了用户画像的精准度和观众的关注点，对优化直播文案具有重要的参考价值。

（3）后台用户画像。基于性别比例、年龄结构、地域分布及搜索偏好等数据，文案人可精准评估内容定位的准确性，并及时调整文案策略与流量投放方向。

关于新账号的启动时机，我建议大家在爆款产品发布后进行首场直播。快消品类账号因产品特性可采取零粉丝基础开播策略。只要严格遵循平台规则，确保各项运营动作执行到位，并通过定期直播保持内容输出的稳定性，账号就可实现持续收益。

（三）图文

图文内容主要分布于小红书和微信公众号两大平台，两大平台的图文在呈现方式上各具特色。小红书以图片为核心，将文字作为辅助元素，用户群体以年轻女性为主，平台内容注重展现美好生活。无论内容涉及何种领域，小红书均强调视觉排版与审美表达。微信公众号则延续以文字为主、图片为辅的呈现方式，其传播机制已从早期的私域流量逐步转向公域推荐，这为新人创作者提供了更多机会——单篇内容既可能出现"10万＋"阅读量的爆款效应，也可能实现显著的粉丝增长。微信公众号的图文创作模式尤其适合不愿露脸出镜的社交恐惧症人群实现内容变现。

我的学员"子墨"在开始学习的时候问我："我想跟着您进行系统学习，计划用 3 个月时间转型自由职业，达到之前上班时月入过万的水平。以我目前的情况，您觉得这个目标现实吗？"我当即回复："你有十年的行业经验，已经不需要再学基础技巧，直接打造个人品牌就好，你的能力完全可以帮你实现目标收入。"令人惊喜的是，仅一周后，她的账号的粉丝数就突破 1 万，一个月内暴涨 4.2 万粉丝，当月收入便达到五位数。

值得注意的是，"子墨"的这个个人账号完全是从零开始运营的。当粉丝数突破 1 万时，她向我报喜，我才得知她此前从未接触过小红书——没有下载过小红书 App。直到我给出建议后，她才开始认真研究这个平台。

她之所以能在小红书平台快速实现变现，关键在于她已有十年的专业积累，正处于"文案人六级晋升阶梯"的平台期或顿悟期，只是她尚未清晰认知自己的定位。我的作用仅在于帮助她明确自己目前所处的发展阶段，并为她匹配最适合的变现路径。

需要强调的是，行业风口带来的红利具有时效性，而把握机遇的能力才是实现可持续发展的关键。文案人真正的核心竞争力是，能够持续将文案创作与时代趋势相融合的适应力。只要具备这一底层能力，文案人就能在不同发展阶段持续捕捉市场机遇。

文案内核

第六章

文案写作的内核
审视与AI助攻提效

AI 不是替代你的敌人，而是你的"超级副驾"。你的价值不在于写得比 AI 快，而在于想得比 AI 深、感受比 AI 真、连接比 AI 暖。

人工智能生成内容（Artificial Intelligence Generated Content, AIGC）技术的兴起，在行业内引发了广泛讨论。许多人担忧文案工作是否会被 AI 取代，而我更倾向于将其视为一项推动文案工作效率实现质的飞跃的技术革新。

若文案人缺乏足够的专业素养，难以准确判断 AI 生成内容的质量，将无法有效驾驭该技术。本章内容将从两个维度展开论述：一是聚焦文案创作核心能力的培养，提升从业者运用 AI 的专业水准；二是通过具体实操指导，帮助从业者显著提升创作效率。

▚ 第一节　内核审视，从小白到高手

一、流量爆款观点文的三大底层逻辑结构

通过对数百篇爆款文案的系统分析，我发现真正具有传播力的优质文案往往采用简洁的文本框架。这源于专业文献与大众传播文案在受众和阅读目的上的根本差异——专业文献面向具有钻研精神的读者，而大众传播文案的核心价值在于为读者提供愉悦的阅读体验。

具体而言，新媒体用户通常处于碎片化阅读场景，如沙

发休憩、睡前浏览、通勤途中、等候间隙等。这种随时随地的阅读特性，要求文案必须具备三个核心要素：通俗易懂的语言表达、清晰直观的内容结构、符合移动端阅读习惯的版式设计。

在 AI 辅助写作的实践中，我发现 AI 更擅长生成传统风格的文案，这类文案往往缺乏亲和力，难以契合新媒体传播的语境要求。因此，文案人在使用 AI 工具前，必须先掌握爆款文案的基本结构框架。只有基于对优质内容的深刻理解，才能为 AI 提供准确的创作指令，从而获得更符合新媒体传播特性的初稿。

需要特别强调的是，在信息过载的新媒体环境中，简洁的文案结构往往更具传播力。下面分享三种经过验证的文案框架。

（一）串联式结构框架

串联式结构框架类似于烤肉时将同类食材有序串在一起，其核心特征是通过多个相似案例的有机组合，反复强化同一观点。其基本框架如下。

（1）开篇导入：明确阐述核心观点。

（2）主体部分如下。

①第一部分，结合具体事例佐证观点。

②第二部分，选取不同场景下的同类案例。

③第三部分，补充更具代表性的典型实例。

（3）结尾收束：对核心观点进行深化与升华。

　　串联式结构框架要求全文围绕单一核心观点展开论述。在结构安排上，我建议采用三个故事素材进行论证，这些素材可分为正面素材和反面素材两类。正面素材直接佐证观点，反面素材则通过展示违背观点导致的负面结果来间接论证观点。三个部分的素材组合可采用以下三种排列方式之一：正面—反面—正面，反面—正面—正面，反面—反面—正面。

　　需特别注意的是，第三个故事建议使用正面素材，以便在结尾处实现观点的升华。这种结构框架尤其适用于情感类或观点类文案，其优势在于能够通过不同角度的故事素材层层递进地论证同一观点，从而强化观点的说服力和感染力。

　　以我在2022年创作的一篇商业文案作为案例，标题是"向顶级奢侈品品牌学习打造高价值商业IP"，核心观点是企业可以向顶级奢侈品品牌学习如何塑造高价值商业IP。正文四个部分均围绕同一核心观点展开论证，具体框架如下。

　　（1）开头引入：从家附近的高档商场切入，引发读者对奢侈品品牌价值的思考。

　　（2）主体部分如下。

　　①第一部分：探讨L品牌门店为何姗姗来迟。

　　②第二部分：解析L品牌门店为何能要求三年免租，甚至让商场承担装修费用。

　　③第三部分：剖析L品牌门店的交易流水为何不经过商场。

　　（3）结尾升华：总结L品牌的品牌价值管理策略。

　　案例开头如下。

两个月前，我家附近的高档商场新开了一家 L 品牌门店。

事实上，几乎所有高端商场都能见到 L 品牌的身影。

然而，你是否思考过，L 品牌入驻顶级商圈背后的商业逻辑是什么？

业内人士都清楚，L 品牌的入驻往往附带严苛的条件。

- 延迟入驻策略：该高档商场开业近三年，待其他业态布局完善后，L 品牌等奢侈品品牌才陆续进驻。

- 特殊租赁条款：商场不仅提供三年免租期，还需承担品牌门店的装修费用。

- 独立营收管理：L 品牌的所有营业收入直接归属品牌自己，不计入商场的总交易额。

面对如此强势的条款，为何顶级商圈仍争相邀请 L 品牌入驻？

这正是因为 L 品牌深谙高价值商业 IP 的塑造之道，其策略值得每一位致力于打造个人或企业 IP 的创业者深入研究。

开篇通过家附近发生的日常素材引入 L 品牌，再通过设问方式揭示 L 品牌入驻商圈背后的逻辑，进而系统阐述其体现品牌高商业价值的三大核心策略。

案例第一部分如下。

L 品牌门店为何姗姗来迟？

L 品牌为什么不在商场一开业的时候就立刻入驻？

因为，是我 L 品牌给你商场带流量，不是你商场给我 L

品牌带流量。

我 L 品牌站在哪个地方,哪个地方就会有流量,我凭什么要在最开始就进来?

拥有流量主权,L 品牌一定是被邀请进来的。

商场的其他门店都开业了,L 品牌压轴进来。

在这种情况下,身份感就上去了。

案例第一部分的观点是"品牌身份感"。

案例第二部分如下。

再看 L 品牌门店的第二条强硬条款。

我们都知道如果想在商场开个店,商家都要付租金,对吧?

L 品牌门店呢?

要求三年免租。

你要知道,深圳市高档商场的租金是特别贵的,尤其是一层的显眼位置。

L 品牌不仅要求三年免租,还要求商场包揽装修费。

你想把个人品牌做大做强,就要学学 L 品牌,就要做甲方。

这个逻辑永远不变,无论你给我多少钱,我都是甲方。

案例第二部分用"三年免租"和"商场包揽装修费"两个维度来体现高价值品牌的话语权。

案例第三部分如下。

L 品牌门店的所有交易流水并不经过商场。

你知道吗?

商家在商场开店时,顾客需在商场统一的收银台完成支付。

这样店铺的流水就会计入商场的总营收额。

但是,L 品牌门店的所有支付流水均直接进入 L 品牌自身体系,与商场无关。

这是非常不可思议的条件。

因为只有 L 品牌门店所占据的位置,才是商场中真正意义上的黄金地段。

案例第三部分用角色反转的写法,突出强势品牌本身就是黄金地段的标志。

案例结尾如下。

L 品牌凭什么涨价?凭什么 L 品牌越涨价,越有人买?

是什么支撑了 L 品牌涨价的逻辑?

因为 L 品牌的流量。

这就是品牌价值管理。

整个案例采用串联式结构框架,每一部分都从多维度佐证品牌的高价值策略,结尾部分通过观点升华来强化核心观点。我建议文案人在结尾部分着力营造情感共鸣,以实现升华效果——根据"峰终定律"(即人们对体验的评价主要取决于高峰时刻和结束时的感受),当读者在高峰部分和结尾部分获得良好的阅读体验时,其对整体内容的评价将会显著提升。

（二）并列式结构框架

并列式结构框架类似于学生时代写作常用的"总—分—总"结构，通过多个分论点共同支撑总论点。其基本框架如下。

（1）开头引入：提出总观点。

（2）第一部分：分观点1+素材1。

（3）第二部分：分观点2+素材2。

（4）第三部分：分观点3+素材3。

（5）结尾升华：总结并深化核心观点。

与串联式结构框架不同，并列式结构框架的每一部分均呈现独立的分论点，分论点共同强化总论点。这种结构框架尤其适用于情感类、亲子教育类、认知干货类及清单类文案，能够像思维导图一样，将同类观点或知识清晰、系统地呈现给读者。

以我在2022年创作的一篇讲商业认知的文案作为案例，标题是"创业时，什么才是好的商业模式"，基本框架如下。

（1）开头引入主观点。

①行业赛道：你的赛道，才是商业原点。

②人群画像：你一定要深刻理解你的用户。

③产品模型：用户凭什么来买你的产品。

（2）结尾升华观点。

案例通过三个维度来说明好的商业模式需要具备的条件，每部分分别对应一个维度，这三部分之间就是并列关系。

案例开头如下。

超 80% 的人第一次创业都不会成功。

很多人认为是流量不够，其实问题出在商业模式上。

只要商业模式没问题，你基本上是很难不成功的。

那么什么是好的商业模式？这需要一套系统的方法论。

我从基础的商业模式的行业赛道、人群画像、产品模型分别展开讲解。

案例开篇直指核心问题——创业能否成功，关键在于商业模式。案例从商业模式的三个维度展开分析，结构清晰明了，使目标读者能够迅速判断内容价值，从而激发继续阅读的兴趣。

案例第一部分如下。

行业赛道：你的赛道，才是商业原点

选择行业赛道，是创业的第一步。

行业一定，大方向就定了。

好的赛道，一定具备四个要点，即高利润、低成本、可持续、天花板高。

最重要的是，要选择天花板高的行业赛道。

在任何一个行业，做任何一件事情，你都要提前知道天花板在哪里。

任何一个行业都是有收入上限的，一个行业本身就决定了这个赛道能走多远。

例如，小米集团的前总裁林斌，当年想创业做耳机品牌，雷军就跟他说,做耳机挺好的,但生意太小了,我们投资就行了,没必要自己做。

后来,雷军就带着他一起做了小米。

这个天花板一下子就上升到了千亿级别。

又如,我当年在香港读完研究生,为什么选择了香港保险和海外资产配置?

因为那时候香港保险和海外资产配置是蓝海,于是我就选择了入场。

选对行业赛道,就是尽可能去做升维的生意。

案例第一部分通过名人案例加个人案例进行观点论证,从千亿级别到个体创业,都需要尽可能地选择天花板更高的行业赛道。

案例第二部分如下。

人群画像:你一定要深刻理解你的用户

选对了行业,下一步就是定位自己的服务人群。

很多人创业,根本不知道自己服务的是哪一类人,或者根本不知道应该服务哪一类人。

珠宝行业算是天花板比较高的赛道了吧?

我的一个线下学员在珠宝行业卖一些成本很高、利润很低的产品,只是赚了点小钱。

最近我听说她重新开始创业了。她的这个重新开始让我更担心了,我一问她的服务人群,她很骄傲地说:"我的客户都很专业。"

客户很专业体现在哪里呢？她的客户大多是开大店的，不少人开的还是珠宝品牌店。这就意味着，人家赚的钱很可能是我这位学员的 10 倍以上。

案例第二部分结合学员案例，把"找对用户"的商业价值通过故事的形式生动形象地呈现出来，从不同维度来阐述什么是好的创业商业模式。

案例第三部分如下。

产品模型：用户凭什么来买你的产品

大部分人在创业时的产品模型都有问题。

哪怕是很有名的产品也会有问题，如某 App，它的产品模型就有问题。

我个人很感谢某 App 的创始人，我主讲的写作课程也在该平台上得到了良好的推广，不过这款 App 确实存在一个明显的问题。

问题出在哪儿呢？

2015 年，该 App 的用户数有 50 万；

5 年过去了，用户数仅为 60 万。

这一数据表明，该平台在用户增长方面可能遇到了瓶颈。

那么，造成这一现象的原因是什么呢？

例如，××老师的课，199 元 1 年，其用极低的客单价来做引流，卖了 40 万份。但是该课程价格不够高，利润率很低，成交的边际成本却很高。

案例第三部分聚焦于"产品"，将第一部分的赛道和第三部分的产品模型之间的关系建立了一个闭环。某 App 也存在产品模型方面的问题,这一事实进一步印证了该分析维度在实际应用中的可靠性。

案例三个部分通过三个不同的维度,阐述了构建优质创业商业模式的方法论,各维度之间属于并列关系。

案例结尾如下。

当你掌握了以上内容后,就能洞悉市面上各类企业背后的底层逻辑,预判它们可能面临的问题,并了解如何采取有效措施实现逆转。

商业模式的核心一定是可持续稳定的增长。

如果在 2017 年知识付费行业爆发式增长时,我接受了大 V 的合作邀约,结果会怎样?

我就成了大 V 背后的推手,而无法建立自己个人品牌,也就不会有今天的成就。

2017 年做出这个决定并不容易,毕竟那位大 V 曾是我非常敬仰的对象。

现在看来,这个决定很对。

整篇文案描述完商业模式的三种维度,结尾总结"商业模式的核心一定是可持续稳定的增长""现在看来,这个决定很对",是很清晰的总分总结构。

我们再看一份并列式结构框架的文案案例,标题为"90天,靠 100 元创造 100 万元,这部纪录片值得看"。其框架结构如下。

开头引入纪录片背景:设想一下,你被独自遗弃在一座陌生城市，仅有 1 辆老旧的汽车和 100 元现金作为初始资源。90 天后，你会面临怎样的处境？

正文部分阐述了某富豪最初仅持有 100 元现金，通过运用以下 6 种思维方式，在商业逆转的过程中逐步实现 100 万元的商业目标。

- 保底思维。
- 分层式目标。
- 买家思维。
- 信息差。
- 专业导向。
- 仆人式领导。

结尾揭秘纪录片结局：最终餐饮企业估值 75 万元，主人公接受这一商业实践的价值，并决定自筹 100 万元支持餐厅的继续运营。目前，这家餐厅仍在正常经营中。

并列式结构框架具有显著的逻辑优势。从读者角度而言，清晰的段落划分使读者在任何阅读节点都能保持思路连贯；从创作者角度而言，该结构有助于维持写作框架的完整性和表达准确性。此类文案常采用数字化标题形式，如"不懂事男人的 5 种表现""对象想分手的 5 个征兆""父母最伤孩子自尊的 5 种行为"等，通过量化表述直观呈现内容架构。

（三）递进式结构框架

递进式结构框架有多种类型，类型划分较为复杂。通常我们可根据如下标准进行判断：若调整文案各部分的顺序会导致逻辑断裂，即可认定该文案采用了递进式结构框架。经综合考量，这部分选用"是什么—为什么—怎么做"这一基础递进结构作为分析框架。

这类结构框架一般用于情感的方法论、亲子教育的干货文，以及认知成长类、职场类、投资类文案。

（1）第一部分：是什么？点明核心观点。

（2）第二部分：为什么？给出证明观点的素材，正面素材和反面素材均可。

（3）第三部分：怎么做？给出具体方法。

递进式结构框架同样适用于亲子教育类文案的创作。以我的一篇关于孩子春困主题的文案为例，该文案采用"什么是春困""为什么会春困"和"如何应对春困"递进式结构展开论述。案例标题为"孩子'春困'，上课走神？用这几招提神醒脑"，其中"这几招"是典型的方法论引导。

案例结构框架如下。

开头描述孩子春季容易犯困，上课打瞌睡影响学习的现状。

中间部分按照"什么是春困""放任春困有什么不好"及"如何帮助孩子应对春困"的逻辑展开叙述。

结尾呼吁家长能正确对待孩子的春困，科学帮助孩子赶走春困。

案例正文如下。

人们常说一年之计在于春，熬过了寒冬，终于盼来了五光十色的春。

孩子们本想趁着春光要好好大干一番，奈何一阵困意上头！我的孩子明明每天睡够了 8 小时，可早上起床时就跟睡了个假觉似的！睡眠时间越来越长，我怎么叫都叫不醒。

春天带来了春色，也带来了春困！

要是上课犯困打瞌睡，孩子的学习成绩可怎么办？孩子天天这么个睡法，怕是身体也吃不消！不能因为春困，让孩子输在起跑线上！

案例是"是什么—为什么—怎么做"的典型递进式结构框架，开头开门见山提出用户痛点。

案例正文如下。

春困是什么？

春困其实是正常现象，是我们的身体随着自然气候变化的一种生理现象。

冬天，人体为了维持体温，减少皮肤表面的热量散失，体表血流量会相应减少，大脑供氧更为充足，因此人往往感到更清醒。

到了春天，气温逐渐回升，人体皮肤血管随之舒张，体表血流量增加，致使大脑供氧相对不足，人因而容易感到困倦。

春困不是缺觉，而是缺氧。

从中医理论看，人们在春季容易出现脾虚湿困的情况，从而导致犯困。春季阳气升发，向外疏散，毛孔舒张，空气中的湿气进入人体困阻脾胃功能，影响气血正常运行，人因而容易昏昏欲睡。

而对学生来讲，"犯困"背后的原因更繁杂，如课堂内容枯燥，老师讲课方式较为单一，旁边的同学个个犯困，晚上写作业到很晚，父母施加的学习压力等。

案例正文第一部分"什么是春困"，先讲春困到底是什么，再解释春困的具体原因，又剖析了中医角度的春困因素，顺带阐述孩子上课犯困的种种因素，每个点都是目标用户的痛点。

案例第二部分重点在"放任春困有什么不好"，加强痛点，并列出三点强有力的理由。

（1）扰乱孩子肠胃功能，会让孩子错过早餐时间，长期下去可能会得胃病。

（2）打乱孩子生物钟，导致内分泌失调，免疫力降低。

（3）影响孩子生长发育，生长激素在夜间分泌，白天睡得多、晚上睡不着会影响生长。

案例层层递进，提升解决痛点紧迫性，家长读过之后很难对孩子的春困置之不理。第三部分的"怎么办"，从多角度、多维度提供具体解决方法。

案例解决方案大纲如下。

（1）不刻意延长睡眠时间。

（2）营造良好的睡眠环境。

（3）把握睡觉时间关键点。

（4）饮食、运动祛湿气。

（5）父母以身作则。

最后分享几个解困小妙招，让孩子再困都能立刻神清气爽！

（1）一个伸懒腰动作。

（2）一次 5 分钟的发呆。

（3）一次简易头部按摩。

（4）一些健康零食。

（5）一场开怀大笑。

案例结尾如下。

春困不是孩子不爱学习，而是正常、普遍的生理现象。

这个时候，我们上班都容易昏昏沉沉，千万不要错怪了孩子。

看到孩子犯困时，作为父母，首先要细心观察，及时与孩子沟通交流。

当我们真正了解孩子时，孩子才能更快成长。

在万物复苏的美好时节里，愿所有的父母能正确对待孩子犯春困，科学帮助孩子赶走春困。

愿我们的孩子更积极学习，稳步提高学习成绩！

案例结尾再次强调核心观点"春困不是孩子不爱学习，而是正常、普遍的生理现象"，呼吁父母科学帮助孩子赶走春困。结尾的祝福，正是用户的期望场景。

串联式结构框架、并列式结构框架和递进式结构框架是三种简单有效的文字表达逻辑结构框架。许多超级爆款的图文文案和短视频都采用了这三类结构框架。这些结构框架既能帮助文案人厘清思路，又能使用户在阅读时更清晰地理解内容。

知晓并不等同于真正掌握。只有通过反复练习，文案人才能熟练掌握写作方法。在每一次有效的刻意练习中，文案人都能切实感受到自身点滴进步的喜悦。

二、创作七步骤，从 0 到 1 打造优质文案

基于多年创作经验和一线学员培训实践，我总结出文案创作的七个步骤，分别是了解产品特点、分析目标用户画像、了解竞品优缺点、搜集专业信息素材、确定大纲框架、完成初稿创作和"放空"调整。

AI 智能创作虽然能辅助提升每个环节的效率，但这七个步骤仍是从零开始打造优质文案的必经之路。

（一）了解产品特点

本书第四章的超级影响力一节详细阐述了产品卖点的分类与测评方法。产品卖点可从多个维度进行梳理，包括但不限于功能特性、材质工艺、外观设计、品牌故事、原料产地、使用体验、使用效果及权威认证等。在实际运用时，我建议大家将最具竞争力的超级卖点作为核心卖点，其余卖点（则按重要性递减排序）作为辅助卖点。以下案例来自我的学员"扎西萌"创作的洗发水文案。

了解产品，列出卖点。

（1）除螨、控油、去屑。

（2）采用澳大利亚进口迷迭香作为原料。

（3）运用低温冷制工艺，保留更多天然有效成分。

（4）含有大量的牛蒡根提取物、椰油提取物、水解燕麦蛋白，不含任何香精。

（5）特别添加植物氨基酸配方。

（6）补充头发流失的营养，改善毛躁分叉。

（7）主要起泡剂是椰油提取物里的天然基葡糖苷，温和无刺激。

（8）无硅油，零添加。

（9）pH 值呈弱酸性。

（10）拥有权威机构颁发的《产品质检报告》《进口原料报告》《原料品质检测》证明。

（11）"双十一"期间满 49 元减 10 元，新人首单价仅需 29 元，买 2 送 1。

（二）分析目标用户画像

需要特别强调的是，文案人必须将目标用户视为具体的个体而非抽象群体，同时要规避用户画像中的常见误区——过于笼统或主观臆断。

以上面提及的洗发水文案为例，基于产品核心卖点，我们可以精准描绘目标用户画像：长期受困于头皮出油、头屑问题，甚至因螨虫滋生而面临脱发困扰的人群。我们进一步结合 24 小时生活场景分析，典型痛点场景包括：晨间刚洗的头发傍晚就已油腻不堪，伴侣亲密互动时因头皮油腻而尴尬，微风拂过便飘落如雪的头屑，家中随处可见的大把脱发等。

（三）了解竞品优缺点

将产品卖点与竞品的优缺点对比，针对产品功能、产品价格、产品使用效果是否更显著、产品在使用过程中是否安全等进行对比。

这款洗发水的价位在 29~49 元，符合普通超市洗发水的价格区间。这款产品与竞品海飞丝、霸王防脱发洗发水相比有哪些优缺点？缺点很明显，如知名度低、没有明星代言、品牌权威性比较弱，所以在文案呈现上，文案人需要规避名气弱势，突出天然植物养护的优势。

（四）搜集专业信息素材

专家身份本身就具备说服力。例如，创作护肤品文案时，需系统梳理皮肤组织学专业知识，明确各类功效产品所含活性成分；同理，撰写鼠标产品文案时，则需掌握数码科技领域的专业技术参数。针对案例中洗发水的专业感塑造，文案人可以从以下维度呈现：采用植物源性氨基酸复合配方，实现头皮温和清洁的同时维持酸碱平衡。

> 特别添加植物氨基酸配方，
> 温和清洁头皮多余油脂，
> 有益于油性头皮和脆弱发质清洁，

同时更养护头皮。

（五）确定大纲框架

好文案如同一位经验丰富的谈判专家，需要明确三个关键要素：切入点选择、核心观点提炼及论据支撑。文案人在正式撰写前，应当系统规划文案结构框架，具体包括确定文案框架类型、选用合适的标题形式、设计开头方式、排列产品卖点优先级及设置结尾的转化引导策略等要素。

案例的初稿大纲如下。

- 开头：用痛点场景，突出头屑、头油、螨虫、脱发的困扰，并引出产品。
- 卖点部分：某款洗发水。

01

除螨、控油、去屑，

"出油贴塌"的脱发党救星。

02

澳大利亚进口天然迷迭香，

植物除螨更安全。

03

植物氨基酸精粹，

柔顺丝滑，洗护合一。

04

无硅油，零添加，

洗后不假滑。

- 结尾引导下单。

限时"双十一"爆款福利。

限名额、新用户福利。

（六）完成初稿创作

在完成上述五个步骤的准备工作后，大家即可着手撰写初稿。正如海明威所言，所有初稿都是拙劣的。因此，若您对初稿质量不甚满意，实属正常现象。好文案往往需要经过反复推敲与精心打磨才能臻于完善。当你对比这份洗发水文案的初稿与终稿后，或许你会对自己的第一稿持更加宽容的态度。

一稿的标题如下。

标题：这款洗发水又断货了，除螨、控油、去屑，洗一次能令秀发焕然一新

备选的标题如下。

（1）洗发水中的战斗机！"出油贴塌"的脱发党有救了！

（2）头发瘙痒，爱出油，掉发严重？洗发不除螨等于白洗！

一稿正文内容如下。

许多人为头皮问题所困扰：早上刚洗完头，晚上就开始油腻了，严重影响社交与亲密互动。

当他人展现秀发魅力时，你却因头屑问题而不敢和他人靠太近。

你还能忍吗？

就算你可以忍这些。但是，偶尔一忙起来没及时洗头，头上就像有一万只蚂蚁在爬，瘙痒难耐，用手抓还会摸到几个痘痘。

姐妹们，头发出现这种状况，究其根源是螨虫入侵了你的头皮。

它们迅速蔓延到房间，让全家人都成为寄主。冬季呼吸道本来就脆弱，一旦螨虫进入呼吸道，就会造成咳嗽，甚至加重哮喘病人的病情。

螨虫危害如此大，为了全家人的健康，怎么办？如今，针对头发上的螨虫，科研团队花了 20 年时间，寻求解决办法，目前第三代洗发水已全新上市。

案例开头痛点非常多，从"油腻""头屑"到"螨虫"，甚至延伸至"呼吸道"问题，这些痛点逐渐偏离了目标用户的日常生活场景。需要说明的是，即使文案作者毕业于广告文案专业，其初稿仍可能存在不足，但这并不意味着应该畏惧撰写初稿——即便是知名作家的初稿也未必完美。当然，借助 AI 工具生成多个初稿版本也是可行之选，毕竟任何初稿本质上都需要后续的修改与完善。

（七）"放空"调整

斯蒂芬·金在《写作这回事》一书中有一段颇具启发性

的论述,当你将稿子搁置六周后重新审视,往往会发现故事或人物发展中存在明显的漏洞——我指的是那些"足以驶入卡车"的重大缺陷。令人惊讶的是,这些漏洞竟能在作者全神贯注写作时被忽略。倘若大家发现此类问题,不必过分自责。通过删减冗余内容,第二稿通常可以精简至初稿篇幅的90%。

许多文案人都经历过这样的心理变化:刚完成作品时充满自信,认为"这简直是天才之作";但经过一段时间沉淀后重新审视,往往会发现"这个素材可以处理得更好""那段文字可以更精彩"。这种现象与个人能力无关,而是创作过程中的普遍规律。虽然斯蒂芬·金建议的六周冷却期可能略显夸张,但经验丰富的文案人都明白,通过有计划的思维放空,往往不需要等待那么长时间就能对文案进行有效修改。

放空是指暂时脱离当前文案创作,通过其他活动让大脑获得充分休息。大家通常只需放空一晚,次日重新审阅时就能更容易发现问题。若交稿时间紧迫,我建议大家至少预留半小时放空时间。在此期间,大家可选择阅读、运动或为其他文案搜集素材等活动,关键是要完全脱离正在撰写的文案内容。

完成上述七个步骤是否意味着创作就此结束?并非如此。修改稿件对文案人而言是再寻常不过的工作流程。当文案人在"放空"调整后重新审视作品时,若发现结构框架需要优化,就必须返回第五步重新调整大纲框架;若对产品卖点、用户画像或竞品分析产生新的认知,则需回到第一步或第二步重新梳理用户需求和产品特性。这一反复推敲的过程，恰恰是 AI 难以替代的关键创作环节。

判断文案优劣的关键不在于文字修饰，而在于是否精准匹配目标用户画像。多数文案创作中的重大失误，往往源于对用户画像的把握偏差。通过查阅投放平台数据，我发现，平台核心用户为三四线城市偏好情感八卦内容的女性群体，整体内容风格呈现温情化、女性化特征。文案人仅通过调整语言风格以契合目标用户特征，文案效果便获得显著提升。

案例标题如下。

在男人眼中，女人什么地方最吸引人?

标题一改过去的恐怖风，换上了温情风格，同时呈现目标用户的在意点。

案例开头如下。

在知乎平台曾引发广泛讨论的热门话题:"如何给人留下精致、有气质的第一印象?"

其中获赞较多的回答令人出乎意料:一头整洁、柔顺的秀发，会使整个人看起来很精致、有气质!

文案创作需要敢于突破固有思维，适时舍弃无效内容才能实现质的提升。

现在请你判断，该案例开头第一句话，运用了哪种文案模板结构框架?

案例正文如下。

记得一个理发师对我说过，女人养一头好头发，比穿一身名牌都重要。

穿名牌不一定能提高身价，但头发却能透露出你的生活观。

即使穿着高级定制的衣服，一头油腻毛躁的头发也不会让人有贵态；面容再精致，如果头屑丛生，也会给人一种华而不实的廉价感。

头发对形象的影响力至关重要，有人就"头发对异性的吸引"做了调查。

72%的男人认为，闪亮的头发比精致的妆容更有吸引力！

（这里的开场呈现美好场景。）

长相再普通的女性，只要拥有一头健康亮丽的秀发，也能平添几分魅力。

头发的丰盈还是青春活力的象征，枯黄油腻的头发不仅拉低颜值，还显老。

反观我们的生活，没选对洗发水造成的头发问题比比皆是，油腻贴塌、皮屑、脱发，分分钟把美女变成油腻大妈。

很多人早上刚洗完头，晚上头发就开始油腻了。

很多人一忙起来没及时洗头，头皮便瘙痒难耐，心情也会变得焦躁起来，用手抓还会摸到几个痘痘，抓破了还会发炎。

有这样的头发，即便容貌出众，也仿佛头顶朵乌云，严重影响生活质量。

其实，这些问题归根结底是由螨虫引起的。螨虫钻进毛囊里，饿了啃食发根，造成发根脆弱、脱发频繁。可以说，不除螨，用再多的防脱发产品都没用。

针对头发上的螨虫，科研团队花了 20 年时间寻求解决办法。产品经过三次升级，目前第三代迷迭香洗发水已全新上市。

相比前两代，第三代加了 3 倍除螨配方，去屑控油能力提升 35%。

当您阅读这份终稿时，是否还记得初稿中那些关于螨虫的夸张描述？终稿开篇巧妙地运用了两组对比表述："长相再普通的女性，只要拥有一头健康亮丽的秀发，也能平添几分魅力"与"有这样的头发，即便容貌出众，也仿佛头顶乌云，严重影响生活质量"。这种表达方式有效拉近了与目标用户的距离，让读者立即意识到头发护理的重要性。

许多文案人对"改稿"存在认知误区，将修改视为失败的表现。在此需要明确专业文案创作的基本态度，修改绝非失败，而是提升专业能力的必经之路，是文案人持续精进的阶梯。尤其在 AI 技术赋能创作的当下，文案人的核心价值更体现在修改优化环节。值得注意的是，部分同行的"完美主义"倾向存在错位——与其期待初稿即终稿，不如将这种追求极致的精神投入改稿过程中。

三、自查五问，独立文案人的关键一步

营销调研数据显示，消费者在接触营销信息时，潜意识中普遍会关心五个问题。若文案能有效回应这些问题，将显

著提升转化效果。这五个问题分别是：我为什么要花时间看你的文案？你说的到底是什么？你说的和我有什么关系？这对我有什么好处？你凭什么让我相信你说的？

将这五个问题的解答方式转化为文案思维，分别如下。

（一）卖点与痛点是否满足用户的需求点

若你拥有一款采用优质面料的纯色 T 恤，应如何撰写卖点？我有学员这样描述："这款 T 恤采用粘胶纤维＋涤纶＋锦纶的精密配比，品质远超市面同类产品。"但实际效果可能不尽如人意——约 90% 的消费者不会因此下单。问题关键在于，这类表述未能真正触及用户需求点。消费者既无法直观感知面料优势，也不清楚其实际价值。

用户关注的并非产品参数，而是能否解决具体问题。优秀的卖点应当聚焦用户真实需求，而非简单罗列产品特性。

（二）语言是否简短明确，有代入感

文案大师吉姆曾指出，必须摒弃冗余，直击要点——这正是目标读者最乐于接受的表达方式。消费者最反感的文案类型是什么？是那些面对明确需求却喋喋不休、不得要领的文字。优秀的文案往往言简意赅，有时仅用十个字便能完整传达信息，既简洁明快又富有韵律感。

这种凝练的表达能力需要系统训练。以本书的创作为例，本书初稿 22 万字，经出版社编辑要求删减至 12 万字。在此过程中，我通过逐字推敲，剔除所有冗余表达，特别注意避免语义重复。要实现语言的简洁精准，关键在于聚焦核心信息——这需要在对产品特性、用户需求及市场环境进行深入分析基础上明确文案的根本目的。

要使文案具有代入感，大家可以借鉴前文 T 恤的案例。该产品以优质面料为核心卖点，突出其亲肤性、抗皱性和抗起球特性。在撰写文案时，大家应基于目标用户画像，将产品收益点转化为具象化的使用场景。例如，周末洗晒时分，你最常穿的那件 T 恤被晾在衣架上，依然如新——洁白平整、不起球、不显旧。其中，"周末洗晒"的场景设定能有效引发目标用户的共鸣。

具有代入感的文案通常具备两个特征：一是精准契合目标用户画像，二是通过五感描写让用户获得直观感受。

（三）文案内容营造的购买情绪是否到位

优秀的文案不仅在于框架和内容，更在于逻辑与情感的融合。消费者往往因情感驱动而购买，随后又通过理性逻辑使购买行为合理化。这一现象在日常生活中也屡见不鲜——我们时常会因一时冲动而消费，事后却会向他人解释：

"这个价格很划算，不买就亏了。"

"功能这么齐全，早晚用得上。"

"反正迟早要买，不如现在入手。"

"虽然贵了点，但对自己好一点也值得。"

这些看似理性的理由，实则是为冲动消费寻找的合理化依据。这种"逻辑"本质上是通过情绪引导和消费心理设计，让用户自行完成购买决策的心理建设。

（四）证据是否足以支撑卖点

逻辑与情绪之间存在微妙的交融关系。情绪的层层递进需要逻辑作为支撑框架，正如血肉需要骨架的支撑。大家在写作的时候常常感觉逻辑缜密，回头再看却觉得漏洞百出。

反面案例如下。

夏季又要来临，雷雨高发，如果大家有飞机出行的需求，要做好防护，记得提前规划日程，配置好足够的保险，保障出行无忧。

案例其实想强调"夏季出行应配置飞机延误险"，但在逻辑表达上存在断层，既未阐明雷雨高发季节与航班延误之间的必然联系，也未明确说明"足够的保险"具体涵盖哪些保障内容。这种表述容易引发歧义——读者可能误以为案例在暗示夏季乘飞机存在安全隐患。案例虽然成功营造了恐惧情绪，但因表述不清导致的误解反而可能适得其反，让用户因过度担忧而不敢购买保险。

逻辑更严密的正面案例如下。

经常坐飞机的人都知道，航班延误的最大原因，就是天气恶劣！

夏季雷雨高发，也是航班延误的高发期，我建议大家出行前提前配置好航班延误险，减少飞机延误给你带来的损失！

通过对两个案例的对比分析，我们可以清晰观察到整体逻辑框架中的细节逻辑差异。虽然二者都遵循"用户需要什么，我们就有什么"的基本逻辑，但核心区别在于逻辑链条的严密性。

很多文案特别强调"恐惧心理"，好像控制了用户的"恐惧心理"就拥有了一把万能钥匙，能直接促成购买行为。但通过本案例的解读我们不难发现，恐惧情绪要有度，更要有逻辑。

（五）如果你是目标用户，会立即下单吗

作为目标用户，你会立即下单吗？你存在哪些顾虑？或者你想了解目标用户为什么不愿购买吗？需要注意的是，撰写者个人的观点并不重要，关键在于把握目标用户的心理。这个过程类似于演员的角色代入，需要设身处地体会目标用户的担忧和顾虑。这正是为什么未婚单身作者能创作出受宝妈欢迎的文案，以及女性作者能准确把握男性视角的内在逻辑。

自查五问是文案完稿后评估营销效果的重要工具，也是衡量 AI 创作质量的关键指标。只有掌握以上五项内容，才能成为真正具备独立创作能力的文案人。

四、基础十要点，快速提升文字表现力

在文案工作中，错别字、标点符号错误和语病等问题，往往直接影响客户对专业度的评价。部分平台和客户会对此

类错误设置明确的处罚标准，如每个错别字扣款 10 元。即便没有经济处罚，这类基础性错误也容易导致客户对文案质量的负面评价。

基于多年教学和客户对接经验，我总结了 10 个提升文字专业表现力的基础要点，建议文案人定期自查，以提升专业能力。

（一）注意字体、字号、基本版面

心理学上的首因效应是指人们在接触信息的 45 秒内形成的第一印象，往往会影响其后续 80% 的判断。因此，确保版面整洁是高质量文案的基本前提。其中，字体选择、字号搭配、标题层级及行间距设置等视觉要素的合理调整尤为关键。

若以 Word 版本交稿，我建议正文采用五号宋体或微软雅黑，行间距设为 1 倍。标题及金句可适当加粗，重点强调的金句使用橙黄色等高亮颜色标注。如果英文单词、数字与中文词语混用，我建议其前后各留一空格。其他版本依具体设置，从字体、字号、字色、行间距等方面综合考量，使其整体和谐统一。针对"宝妈"及 40 岁以上目标用户，字号需增大两号，因为这类人群眼睛较易疲劳，较大字号利于其轻松、直观阅读。

另外，线上新媒体文案的段落首行顶格书写，而线下纸质文案则需首行空两格。线上文案最好配有与图文相关的插图，且图片与文字之间需间隔一行，如此可避免阅读时产生视觉疲劳。

（二）杜绝错别字、标点符号错误

文案人需具备基本的文学素养，如确保语句通顺、标点符号运用得当、无错别字等。常见标点错误包括以连续句号代替省略号，以及引号、分号、顿号使用不当。

反面案例如下。

前几天听到一个消息，着实让我开心了一下，成都天府国际机场正式开航了，下次我去成都又多了一个选择，咱们祖国这大好河山怎么就看不完呢？作为继北京、上海之后，我国第三座拥有"一市两场"的城市，现在的成都可谓是一座准国际化大都市，GaWC 发布的《世界城市名册 2020》显示，入围 Beta+（全球二线城市）及以上的 73 座城市中，只有 29 座拥有"双机场"。

该案例源于我学员的作业，此内容全用逗号连接，存在典型的"一逗到底"的问题，该问题不容忽视。电影《无问西东》中有一处情节，师母通过其"一逗到底"的写作习惯，识别出匿名信的作者正是王敏佳，最终王敏佳身份被识破、遭批斗，甚至险些丧命。若将上面案例中的长句拆分为短句，逻辑就会很清晰。

前几天听到一个消息，着实让我开心了一下。

成都天府国际机场正式开航了。

下次我去成都又多了一个选择，咱们祖国这大好河山怎么就看不完呢？

作为继北京、上海之后，我国第三座拥有"一市两场"的城市，现在的成都可谓是一座准国际化大都市。

GaWC发布的《世界城市名册2020》显示，排名在Beta+（全球二线城市）及以上的73座城市中，只有29座拥有"双机场"。

文案人很容易犯的错误还有"的、得、地"的用法——名词前面用"的"，动词前用"地"，形容词前用"得"。例如，"可日子过的依然滋润"中"的"字的用法是错误的，"的"后面接形容词，应改为"得"。

在检查完错别字和标点符号后，文案人还需确认文案语句是否通顺。我建议大家完稿后大声朗读几遍，通过语感来发现问题——若出现朗读不畅、表达拗口或语义不清的情况，则需进一步优化。

所有检查工作建议至少间隔30分钟后再进行，这样更容易发现之前忽略的问题。

（三）扩大词汇量，避免重复啰嗦

许多文案人在创作时容易出现词汇重复、表达啰唆的问题，即便是非专业人士也能明显察觉其词穷。文案人要具备优化意识，可借助AI辅助工具，一次性生成多个不同版本的表达，以有效避免这类问题。

花了3个月，我终于实现了月入1万元的目标。

案例标题中"的目标"等冗余表述可删除，不影响核心语义。文案人需确保文案的每个字都有价值。

若文案呈现"周期长、收益低"的特点，会降低吸引力。优秀文案应突出"效率高、见效快"的优势，如"3 个月实现月入过万"。不同表达方式会带来截然不同的阅读效果。

（四）表达准确，避免病句、歧义

文案人创作时需核查病句及表意不清等问题，其中最常见的是主谓宾结构不完整的情况。

反面案例如下。

快餐店内，一名外卖员与外国顾客全程英语无障碍交流。原来因失业，转行做了外卖员。

"一名外卖员与外国顾客全程英语无障碍交流"本是个亮点，但后句"因失业"缺少主语"他"，导致语意不畅。大家在写作时务必反复检查语句的通顺性，可以通过大声朗读来确认。

（五）多肯定，少否定

我本科学的是师范专业，专业课程中强调教育时应避免直接对孩子说"不"，而应采用正面引导。因为大脑难以直接处理否定指令——如"不要把水洒到桌面上"，孩子脑海中只会呈现"洒水"的画面。因此，教育中应多用肯定表述，减少否定表达，在文案表达中也是如此，需遵循大脑的认知规律。

80% 的离婚原因是女性没钱且不够独立。随着年龄增长和收入减少，她们往往陷入被动，不敢提出离婚。

如果你拥有一份收入，必将不惧破碎的婚姻，无惧生活的艰辛。

从案例中使用的"没钱""不够独立""不敢提出离婚""不惧破碎的婚姻""无惧生活的艰辛"，我们可大致推测出作者想鼓励女性独立，但负面词汇易使读者聚焦"离婚""婚姻破碎"等消极画面。我建议大家采用正面表述，将"不惧破碎的婚姻"改为"拥有独立生活的底气"，将"无惧生活的艰辛"调整为"乘风破浪的姿态"。用"要"字的句式替代否定式表达可使文案呈现更积极的视觉意象。

（六）多用阿拉伯数字

我们先做个测试，以下哪个选项让你更快识别出来？（凭直觉选择）

A. 五千四百八十二　　　　　　　B.4 843

相信大多数人对 B 选项的阿拉伯数字识别得更快，这就是简洁的优势。

文案人能用阿拉伯数字时，尽量不用中文数字。如"十年后的差距"可改为"10 年后的差距"。当数字位数过多时，如"100 000"，虽然这也是阿拉伯数字，但好多个"0"反而延长了辨识时间，用"10 万"反而能提升辨识度。

（七）多用短句，最好控制在 15 个字以内

阅读时，大脑偏爱短句。长句会给读者带来压力，如"还在因为长时间办公导致的手腕酸痛而叫苦连天吗"，若改为"长时间办公手腕酸痛，叫苦连天，却毫无办法"的短句，读者理解起来是不是更容易？

如何区分长句和短句？为适应手机阅读习惯，我建议将两个标点间的字数控制在 15 个字以内，每段控制在 35~50 个字。修改长句有两种方法：一是删减冗余词语；二是添加标点拆分长句，使其更易理解。

（八）多用人称代词

在信息爆炸的时代，只有与用户强关联、能吸引其兴趣的文案，才能获得流量。如何做到这点？即使用用户喜欢的语言，表达我们想传递的内容。

1. 多用人称代词

多用"你""我""他"等人称代词，增强角色代入感。

深圳凌晨的街头，虽然没有往日的喧哗，但是一切都有条不紊。

你能见到，恪尽职守、无眠无休的交通执勤人员。

你也能见到装备齐全、操作明确的小区工作人员。

你还能见到各种各样的无接触存放点……

然而，你却见不到英雄，一切都在无声无息中进行。

就像德鲁克的那句名言，好的管理，有预见，静悄悄，平

淡淡，不出英雄。

案例结尾以第二人称"你"为主语，刻画深圳街头平凡英雄的忙碌身影，增强用户代入感，有效调动用户情绪并促进转发。该案例 24 小时内的播放量就突破了 200 万。

2. 产生情感共鸣

刻画用户熟悉的场景并代其表达心声，可有效引发用户的共鸣。大家具体可采用大众共鸣、以小见大、直击痛点三种方式，也可参考本书提供的用户情绪基本面、开场拆解和场景感影响力。

（九）多用开口词

前文提到过，在汉语拼音中，开口词以"a、u、o"结尾（如"对决""抑郁"），闭口词以"e、i"结尾（如"对弈""隐忍"）。通过朗读对比我们可以发现，闭口词更显内敛，开口词更具力度。我建议在金句结尾优先选用开口词，以增强记忆点。

（十）打造高级感

高级感即让用户认可产品价值，甚至愿意为品牌溢价买单。打造高级感并不难，我们可以参考以下四种方法。

1. 多运用高级词汇

例如，在描写鼠标外观时，大家应避免使用"馒头状"

等廉价感的比喻，可改用"流畅弧度""优雅曲线"等词汇。后者既能准确描述鼠标外形，又能提升产品的档次感。

2. 丰富词汇

运用普通词汇的同义词打造高级感是最快的捷径。特别需要说明的是，大家在量词的选择上尽量不用"个"等基础量词，可改用更贴切、更具针对性的表达，这需要大家在日常中进行刻意练习。

3. 尽量少用逻辑关联词

我们在学生时代写作文时常用"虽然""但是""因为""所以""不仅""而且"等逻辑关联词，但这些词汇不是可以运用到任何地方都显得高级且有逻辑的。例如，"怕上火，就喝王老吉"，若改为"因为怕上火，所以就喝王老吉"反而显得啰嗦。

4. 少用成语

在文案创作中，大家在使用 AI 工具时需特别注意成语的使用，尤其要避免使用小学阶段常见的低龄化成语，如"兴高采烈""一心一意"等。真正高级的文案不在于堆砌华丽辞藻，而在于比用户认知略胜一筹的表达。我建议大家用具体描述替代成语，通过简洁的语句传递更精准、更有质感的信息。

▶ 第二节　AI 助攻创作提效，从灵感到落地

在一线教学过程中，我发现许多文案人不仅缺乏营销理念和用户心理洞察能力，更欠缺文字输出的底层逻辑。AI 可以胜任基础的文字编辑工作，但无法替代具备决策能力的主编角色。那些不会被 AI 取代的文案人，必然是能够超越 AI 创作水平的专业人才。

运用 AI 进行内容创作绝非简单的问答互动。关键在于文案人需要建立清晰的创作思路和逻辑框架。具体而言，文案人首先要明确写作目标，如撰写产品销售文案或打造高互动率的朋友圈内容；其次，必须向 AI 充分说明任务要求，并提供完整的背景信息，这样才能确保 AI 生成的内容精准并符合预期目标。

一、AI 辅助头脑风暴，激发创作灵感

即便在 AI 时代，仍有人误以为写作仅依赖天赋，甚至认为天赋可以取代努力。例如，2019 年我创作了 180 余篇文案，每天从黎明写到深夜。2019—2021 年，我几乎每天都保持这样的高强度写作节奏。根据"一万小时天才理论"计算，这三年我累计完成了 17 000 多小时的高密度训练。若你也想评估自己的写作天赋，不妨先计算投入了多少有效练习时间。

天赋并非凭空而来的神奇能力，灵感也不会从天而降。真正的创作灵感源于日常积累——那些你看过的电影、读过的书、经历过的人生。职业文案人都明白，灵感往往来自阅

读大量素材后、大脑放松时的自然涌现。如今，借助 AI 工具，职业文案人不必被动等待灵感，而是可以随时获得创意支持。

AI 辅助灵感主要分三个方向，一是关键词扩展，二是主题推荐，三是市场竞品分析。

关键词扩展指的是通过 AI 工具生成相关关键词、长尾词来拓展创作思路，具体示例如图 6-1 所示。

案例根据"30 天居家健身计划"进行关键词扩展，DeepSeek 能够提供多样化的选题方向，并为每个方向提供爆点解析，有效辅助文案创作。在获得的 10 个选题中，若对某个方向有进一步创作意向，可继续向 DeepSeek 发出细化指令。例如，"请基于'30 天居家健身计划：4 个动作练全身，小户型也能做'这一主题，提供 10 个不同版本的内容大纲"。

主题推荐指的是 AI 基于目标受众特征与行业发展趋势，智能筛选并推荐具有潜在热度的选题方向及内容切入点，具体示例如图 6-2 所示。

案例从夏日美白计划，衍生出学生党群体和敏感肌群体的两大重点用户画像，同时 5 个选题也提供配套的文案创作思路。在实际操作中，我通常要求 AI 首轮输出 5~10 个版本方案。若仍未获得理想灵感，我就会通过调整关键词参数继续生成新版本，直至触发有效创作思路为止。

根据"30 天居家健身计划"的主题,衍生 10 条阅读量 10 万 + 的爆款公众号文章选题

☛ 10 个"30 天居家健身计划"爆款选题(附解析)

1. 30 天居家健身挑战:零基础跟练版,每天 20 分钟暴瘦 8 斤

爆点:突出"零基础""短时高效",用具体数据增强可信度,适合健身新人收藏跟练。

2. 实测 | 30 天居家健身计划,我的腰围居然小了 5 厘米

爆点:第一人称测评 + 真实数据对比,增强代入感和可信度,容易引发读者模仿。

3. 30 天居家健身计划(含课表):不节食也能瘦,适合大基数

爆点:解决用户痛点(不想节食 / 大基数难减),提供完整课表增加收藏价值。

4. 每天 15 分钟! 30 天居家健身计划,比跑步瘦得更快

爆点:强调"省时高效",对比跑步等传统方式,吸引没时间运动的人群。

5. 30 天居家健身计划(跟练视频版):专治各种"坚持不下去"

爆点:针对"难以坚持"的普遍痛点,提供视频跟练来降低执行门槛。

6. 30 天居家健身计划:4 个动作练全身,小户型也能做

爆点:解决空间限制问题,突出"极简动作",适合租房党 / 小空间人群。

7. 30 天居家健身计划(饮食搭配版):这样吃效果翻倍

爆点:健身 + 饮食组合方案,提供增值内容,提高文章实用性。

8. 30 天居家健身计划:经期也能练的温和版

爆点:细分女性用户需求,解决经期运动困惑,体现专业性和关怀。

9. 30 天居家健身计划:50 岁妈妈亲测,膝盖友好动作

爆点:中老年群体痛点切入,"亲测"增强真实感,"膝盖友好"是关键卖点。

10. 30 天居家健身计划:徒手 vs 小器械,哪种瘦更快?

爆点:制造对比冲突,满足读者"寻找最优方案"的心理,引发讨论和转发。

选题逻辑

1. 覆盖不同人群(新人 / 大基数 / 中老年 / 女性)
2. 解决核心痛点(没时间 / 没空间 / 难坚持 / 怕受伤)
3. 多用数字对比和亲测故事增强说服力
4. 提供可直接跟练的解决方案(课表 / 视频 / 饮食搭配)

此类选题在健康类账号中极易引发收藏转发,配合前后对比图的效果更佳。

图 6-1 根据"30 天居家健身计划"的主题,衍生公众号文章选题示例

主题推荐，指的是 AI 基于目标受众和行业趋势推荐热门话题和内容方向。请根据夏日美白计划，给出 5 个小红书热门话题的主题推荐。

☞ 5 个 "夏日美白计划" 小红书爆款选题推荐　🔥

1.14 天逆袭冷白皮！我的夏日美白计划大公开

✦ 爆点：突出 "快速见效" + 具体时间，搭配前后对比图更吸睛。

2. 学生党必看！百元内夏日美白计划（附购物清单）

🧴 爆点：平价路线 + 完整产品清单，精准打击学生群体痛点。

3. 敏感肌也能白！温和版夏日美白计划（亲测不反黑）

🌿 爆点：针对敏感肌特殊需求，强调 "温和不刺激" 的差异化卖点。

4. 从黄黑皮到透亮肌！我的夏日美白饮食计划

🍎 爆点：内调外养概念，分享美白食谱 + 饮品搭配，收藏价值高。

5. 美容师不会告诉你的夏日美白计划！这三个时段最关键

⏱ 爆点：专业角度 + 时间管理，提供与众不同的美白知识干货。

💡 **选题特点**

• 覆盖不同人群（学生党 / 敏感肌）
• 维度解决方案（护肤 / 饮食 / 作息）
• 强调 "亲测有效" 增强可信度
• 提供可直接跟进的实操方案

这类选题配合 before&after 对比图 + 产品实拍，最容易引发收藏和跟风打卡！

🗗 🗘 👍 👎

图 6-2　根据夏日美白计划，给出 5 个小红书热门话题的主题推荐示例

　　竞品分析是指通过 AI 对竞品文案内容进行系统性分析，从而提炼优势与不足，为后续文案创作提供数据支撑与优化方向，具体示例如图 6-3 所示。

　　竞品分析能够突破个人认知局限，提供创新视角。以个人经验为例，在关注女性身材管理与产后康复领域时，DeepSeek 通过数据分析揭示了 IT 从业者的脊柱养护这一潜在需求，有效拓展了创作思路。

请根据 2025 年广州普拉提馆的现状，进行优劣势对比分析。

❤ 2025 年广州普拉提馆市场现状: 优劣势深度对比分析

一、行业整体发展态势

2025 年广州普拉提市场已进入成熟期，市场规模突破 15 亿元，年增长率稳定在 18%~20%。核心商圈平均每平方公里拥有 3~5 家专业普拉提工作室，形成明显的区域集聚效应。

二、核心优势分析

1. 消费升级红利

· 中产女性 (25~45 岁) 健身渗透率达 42%

· 私教课程均价 350~500 元 / 节，会员续费率达 65%

2. 专业化升级

· 85% 场馆配备 AI 体态分析系统

· 国际认证教练占比提升至 60%

· 特色课程如 "孕产普拉提" 溢价率达 30%

3. 数字化运营

· 智能约课系统覆盖率达 100%

· 会员大数据分析精准度达 92%

· 线上社群转化率提升至 28%

三、显著劣势挑战

1. 同质化竞争

· 核心区域场馆密度超饱和

· 课程相似度高达 75%

· 价格战导致毛利率下降至 35%

2. 运营成本高

· 场地租金占成本的 45%

· 优质教练流动率达 25%

· 案例: 某连锁品牌因租金上涨关闭 3 家分店

3. 客户维系难题

· 新客获取成本突破 800 元 / 人

· 年卡会员流失率达 38%

· 私教包课使用率仅 65%

四、典型场馆对比

类型	代表品牌	优势	劣势	客单价
高端精品	Polestar	器械高端，私密性强	课程排期少	580 元
社区连锁	瑜舍	网点密集，性价比高	设备老旧	320 元
主题特色	空中普拉提	差异化体验，网红属性	安全隐患	450 元

图 6-3　根据 2025 年广州普拉提馆现状，进行优劣势对比分析

五、破局建议

1. 开发企业定制课程（如 IT 从业者的脊椎养护）

2. 建立教练孵化体系，降低人力成本

3. 布局"普拉提＋康复"垂直领域

4. 应用 VR 技术开发沉浸式课程

当前广州普拉提市场已进入精耕细作阶段，未来 2~3 年将迎来深度洗牌，差异化定位和精细化运营成为存活关键。

图 6-3　根据 2025 年广州普拉提馆现状，进行优劣势对比分析（续）

借助 DeepSeek 的关键词扩展、主题推荐及竞品分析，文案人能够系统性地获取创作灵感，实现从被动等待到主动发掘的转变。

二、AI 辅助标题创作，五步打造爆款标题

创作具有稳定数据表现的文案标题需满足三个核心要素，即数据结果导向、精准匹配目标用户偏好、保障稳定的打开率和完播率。这要求文案人摒弃"今天 90 分，明天 50 分"的随机性创作模式，转而建立标准化创作流程。基于此，我归纳总结了 DeepSeek 辅助文案标题创作的五步法。

（一）罗列关键词

根据产品卖点、用户偏好、竞品劣势及热搜流量等提取关键词，随后通过"微信指数""百度指数"等平台获取各个关键词的热度指标数据，进行对比后筛选出高热词作为优先选项。各个关键词的搜索热度呈动态变化特征，每次筛选时均需进行实时数据检索。

（二）替换关键词

根据七大标题模板将关键词进行排列组合。此外，还有一个在任何时期都能具备网感的标题创作方法，即快速浏览目标平台的标题，摘录 10 个吸引人且具有爆款数据的标题，再将第一步选出的关键词替换到摘录的标题句式中。例如，摘录爆款标题"原来，这才是高学历的真相"，按其句式替换关键词后得到"原来，这才是财富自由的真相"，此标题曝光量也很高；又如标题"如何用一年时间，彻底改变现状"，按句式替换关键词后变为"如何用一年时间，完美提升收入"，仿写后的标题虽与原标题不同，但都与财富相关。同时，大家也可以将用户画像、产品卖点等提供给 DeepSeek，精准生成 5~10 个标题，示例如图 6-4 所示。

根据 30~35 岁一线城市精英女性的用户画像（追求品质生活、注重健康与情怀、热衷打卡小众体验、对"反差感"和"治愈系"内容敏感），结合成都传统蹄花店的"老字号手艺"与"烟火气"核心卖点，提供 10 条精准引爆抖音的标题建议。

1. 凌晨 2 点的成都，这碗 20 年的胶原蛋白是 CBD 女强人的深夜救赎
（痛点：熬夜职场人＋美食治愈，突出"反差需求"）
2. "阿姨，蹄花要配红酒"｜成都老巷子的法式吃法，闺蜜疯了
（跨界混搭风，满足精英女性"仪式感"社交需求）
3. 体检报告出来的第二天，我飞奔到这家店……成都人懂！
（健康焦虑幽默化解，暗示"食补"价值）
4. 上海闺蜜乘飞机来吃！成都土著私藏的 20 年蹄花店，在地图上都找不到
（稀缺性＋社交货币，激发打卡欲）
5. "女生吃这个对皮肤好"，70 岁非遗师傅的一句话让我连吃三碗
（传统手艺背书＋女性痛点，权威感种草）
6. 成都蹄花店偶遇穿旗袍的 CEO……果然会吃的女人都"狠"优雅
（精英人设共鸣，塑造"高品位小众选择"形象）
7. 比美容院划算！35 岁＋姐姐的食补秘密，人均 30 元吃出嘭弹脸
（直接利益点＋性价比，精准打击抗衰需求）

图 6-4 DeepSeek 给出的 10 条精准引爆抖音的标题建议

8. "蹄花蘸碟不要蒜"……成都老师傅瞪我一眼："你不懂"
（冲突感剧情预设，引发好奇与地域文化讨论）
9. 暴雨天独自探店，被 92 岁奶奶塞了碗蹄花："姑娘趁热吃"
（情感向内容，用"城市温情"触发女性共情）
10. 成都米其林推荐？不！这家店只有街坊和口红印沾杯的姐姐们
（反套路标题，强调"在地性"与真实口碑）

核心策略
·用"都市女性叙事"重构传统美食，强调"身心治愈"而非单纯味觉
·标题中埋设"冲突元素等"（新老/中西/职场与市井）来制造戏剧性
·通过"她经济等"关键词（美容、闺蜜、优雅、自我犒赏）进行精准狙击

图 6-4　DeepSeek 给出的 10 条精准引爆抖音的标题建议（续）

案例中 DeepSeek 生成的 10 个标题需要进一步筛选。例如，标题 3 存在过度渲染恐惧心理的问题，且与产品核心卖点不完全匹配。这一步的关键在于创作 10~15 个符合用户画像、产品卖点、竞品优势的备选标题。

（三）备选标题投票

将 5~10 条备选标题投放到作者群、目标用户群、粉丝群、朋友群等社群进行投票，参与人数越多越好，最好运用小程序实现匿名投票。如何找到合适的投票参与者呢？一般有两个方向：一是找具备一定专业水平的文案从业者，他们在投票的同时还能提出优化建议；二是找非文案专业人士，其投票更能反映出普通用户的直观感受。

（四）根据投票结果进行调整和优化

根据投票结果，调整文案关键词，再让 DeepSeek 生成 5~10 个备选标题。

（五）二次投票确定标题

经过以上四步后，再寻找潜在目标客户进行二次投票，最终确定文案内容。

若完成全部步骤后标题仍未达到预期效果，则需返回第一步，结合用户心理重新调整关键词。需特别注意的是，AI辅助工具并非万能，文案的核心价值在于其是否精准匹配用户画像及产品使用场景。

文案创作没有捷径可走，关键在于培养科学的创作习惯。标题创作的五步法同样适用于文案开篇句与金句的创作。优秀文案人并非依赖即兴发挥，而是深刻理解了每个创作环节的重要性。

三、AI 智能搜索，素材整理不再烦琐

许多文案人在创作时常常陷入困境，要么耗费半天时间才写出寥寥数语，要么通篇都是枯燥的理论阐述。而文案高手之所以能信手拈来地运用精准的案例、权威的数据和直击人心的金句，关键在于他们掌握了丰富的素材。正所谓"巧妇难为无米之炊"，素材就是文案人的"米"。

文案创作并非闭卷考试，大家不必过分纠结自身知识储备是否充足，相反，应充分利用搜索引擎、AI 工具等资源，主动积累和调用素材，以提升创作效率和质量。

素材是什么？根据官方定义，素材是指创作者从现实生活中搜集的、未经系统整理的、感性的、分散的原始材料。尽管 AI 能够快速检索素材，但由于许多新鲜素材和生活化内

容不会立即被收录至 AI 数据库，因此我将素材分为两类：新鲜素材与经典素材。

新鲜素材因其时效性和贴近性，更易激发读者的阅读兴趣；而经典素材则因其普适性和持久价值，可被反复引用。

（一）素材的搜集渠道

1. 新鲜素材的搜集渠道

（1）热播的电视剧。

（2）正在上映的电影。

（3）人气很高的综艺节目。

（4）明星的热点事件。

（5）当下媒体新闻。

（6）微博热搜榜、知乎热搜榜、百度热搜榜。

2. 经典素材搜集渠道

（1）图书中的专业术语。

（2）科学实验。

（3）纪录片等视频。

（4）日常生活中的素材。

（5）论坛、贴吧、在线问答等平台。

在众多素材搜集渠道中，如何有效筛选优质内容？"二八法则"同样适用于文案素材领域，通常 80% 的高质量素材，往往集中于 20% 的核心渠道之中。

第一步，用 AI 进行素材搜集，示例如图 6-5 所示。

请搜索并罗列出《黄帝内经》里提到的中医治疗心理的句子。

❦ 《黄帝内经》作为中医理论的奠基之作，其中包含许多关于心理与情志治疗的论述，这些论述主要集中在情志致病、心理调节与治疗等方面。以下是相关内容的整理。

1. 情志与五脏的关系
- 《素问·阴阳应象大论》
  - "怒伤肝，喜伤心，思伤脾，忧伤肺，恐伤肾。"
    明确指出五种情志过度会损伤对应脏腑。
- 《灵枢·本神》
  - "肝藏魂，心藏神，脾藏意，肺藏魄，肾藏志。"
    提出五脏与精神活动的对应关系，心理问题需从脏腑调理入手。

2. 情志致病的治疗
- 《素问·举痛论》
  - "百病生于气也，怒则气上，喜则气缓……"
    强调情志失调是疾病的重要成因，需调节气机。
- 《素问·调经论》
  - "神有余则笑不休，神不足则悲。"
    指出心神过亢或不足会导致情绪异常，需平衡气血。

3. 心理调节方法
- 《素问·上古天真论》
  - "恬淡虚无，真气从之，精神内守，病安从来？"
    提倡清心寡欲、精神内守以预防疾病。
  - "志闲而少欲，心安而不惧……"
    减少欲望与焦虑是心理健康的根本。
- 《灵枢·师传》
  - "告之以其败，语之以其善，导之以其所便，开之以其所苦。"
    提出心理疏导的四步法：指出问题、给予信心、引导行为、缓解痛苦。

4. 情志相胜疗法
- 《素问·阴阳应象大论》
  - "悲胜怒，恐胜喜，怒胜思，喜胜忧，思胜恐。"
    利用五行相克原理，通过一种情志调节另一种过激情志（如用"喜乐"缓解忧郁）。

5. 睡眠与梦境的心理意义
- 《灵枢·淫邪发梦》
  - 讨论梦境与脏腑健康的关系，如"肝气盛则梦怒"，提示梦境可反映心理状态。

图 6-5　搜索并罗列出《黄帝内经》里提到的中医治疗心理的句子

相较于自行翻阅《黄帝内经》并逐句辨别与心理疗愈相关的内容，使用 DeepSeek 进行搜索显然更为高效。当 AI 检索完成后，我建议进一步通过相关渠道补充素材。

我日常重点关注的素材收集渠道包括知乎、微博、主流新闻媒体、图书及同行业优秀文案案例。

在与各领域客户的合作实践中，我发现目前存在三类难以通过 AI 训练的文案素材。

第一类是新近信息素材。例如，我带团队为《五十公里桃花坞 3》这档综艺节目创作预热文案时，由于节目尚未播出，市场缺乏可参考的具体内容。

第二类是个人隐私信息。在为知名企业家撰写专访文案时，其个人信息往往不会完全公开，文案人必须通过实地采访获取一手资料。

第三类是生活细节素材。特别是那些能引发特定人群共鸣的生活细节，需要细致的观察才能获取。例如，我在调研高消费人群时发现他们对待平价 T 恤也会像高档服装一样选择干洗服务，这类细节极具文案价值。

文案创作并非依赖灵感的即兴行为，而是通过系统学习创作技巧、持续积累素材，最终具备稳定输出能力的过程。

（二）素材运用场景

1. 文案开场需要素材来支撑痛点与向往点

用户往往更倾向于接受故事化的表达而非说教式的内容。以香氛皂产品为例，文案人在创作时需要重点挖掘与香氛相关的故事素材。建议大家在此处暂停一下，思考哪些素材能够有效唤起女性消费者对香氛的憧憬与向往，将想到的素材记录下来，再继续阅读后续案例解析。

> 女人身上的自然体香，
> 哪怕身着普通衣服，
> 也能瞬间叫人着迷！

> 电影《闻香识女人》的唐娜，
> 就凭着气味，吸引了失明的弗兰克，
> 仿佛让弗兰克看到了她迷人的浅棕发色，
> 看清了她姣好的面容，
> 也看透了她的年龄。
> 绅士拍手邀请，成就了一曲经典探戈。

案例开头从电影《闻香识女人》切入，没有一句说教，甚至未提及香氛，却成功让用户自然感知到香氛的美好。这种处理方式充分展现了素材的独特魅力——其价值不在于简单堆砌，而在于精准传达创作者意图。通常而言，文案开篇可选用以下素材类型：热点事件、名人轶事、经典电影台词及生活化场景。

2. 在产品卖点部分运用素材支撑卖点

卖点部分的素材更偏向于知识性的干货，如调查数据、实验研究证明等专业知识内容。以儿童情商课程文案为例，文案人可引用研究数据作为支撑，如"心理学研究表明，个人成功的因素中，20% 取决于智商，80% 则源于情商"。这一表述从逻辑层面向目标用户阐明情商培养的重要性，并直观呈现其对儿童未来发展的深远影响。

在卖点论证过程中，合理运用权威、专业的素材，能够显著提升文案的可信度与说服力，从而更好地引导用户做出决策。

3. 在销售文案结尾部分运用素材引导下单动作

在文案结尾部分，素材应简洁有力，通常以一两句话勾勒出用户使用产品后的理想场景。文案人可通过产品使用前后的对比效果，或结合真实体验案例，增强代入感，从而有效推动用户做出决策。

（三）素材的搜集与收集

"好记性不如烂笔头"，再优质的素材也需要依靠系统化的记录与整理。俄国作家契诃夫习惯随身携带一本"生活手册"，随时记录日常所见所想；《月亮与六便士》的作者毛姆更是坚持素材收集 50 年，累积了 15 册珍贵笔记。20 世纪的作家常借助纸质笔记本收集素材，而如今的文案人则可借助数字化工具，高效获取跨越时空的创作素材。

1. 图文笔记类

在素材收集工具的选择上，当前市场提供了多种专业化解决方案，包括石墨文档、腾讯文档、飞书文档等在线协作文档工具，以及印象笔记、有道云笔记等知识管理软件，此外微信公众号自带的收藏功能也能满足基础需求。建议用户根据实际使用场景选择最合适的工具，并保持长期使用的连贯性，以建立系统的素材管理体系。

2. 语音记录类

在碎片化时间场景下，通过讯飞语记等语音记录软件及微信语音转换文字功能收集素材具有显著优势。当创作者在通勤途中（如等候地铁、公交车时）突现灵感，且受限于时间或环境不便进行文字输入时，可即时通过语音录入功能进行记录，后续再转换为文字素材归档保存。

3. 扫描识别类

推荐使用白描、全能扫描王等文字识别软件，在看书、看报纸、看杂志时，可将需要摘录的内容拍照扫描并转换为电子文本进行收集。

素材的分类收集通常采用两种方式：一是按产品领域划分，如护肤品类、养生食品类、母婴用品类、技能提升类等；二是按文案应用场景划分，如标题、开头、卖点、结尾等。建议采用电子化方式对素材进行标签化管理，并集中存储于1~2个平台。这种管理方式即使分类层级较浅，也能通过搜索功能快速定位目标素材。

四、借助 DeepSeek 进行纠错与风格润色，提升文案质量

DeepSeek 能够从海量信息库中快速筛选出有效素材，显

著减少文案人在资料检索与信息整理方面的时间投入。不仅如此，DeepSeek 还能根据具体需求生成多种类型的文本内容，包括但不限于新闻报道、博客文章、公众号推文、小红书笔记、个人简历、演讲稿、产品说明书及短视频脚本等。此外，DeepSeek 支持根据写作风格和特定要求进行个性化调整，使生成内容更加契合目标用户的喜好。

大家也可以提供多份人设文案案例，以此对 DeepSeek 进行风格训练。我的学员"大南瓜"总结了一套通用提问公式："我是谁 + 背景信息 + 目标客户 + 布置任务 + 注意事项"。此外，当不知如何着手文案创作时，大家可直接询问 AI："请帮我撰写一篇爆款短视频脚本，你需要我提供哪些必要信息？"

在使用 AI 辅助创作时，大家必须避免盲目追求创作速度，更不应因创作周期较长而产生心理负担。我的一位"00后"学员曾坦言，她习惯在截稿前三四个小时才开始写作。当我询问其为何不提前准备时，她给出了一个出人意料的回答："既然都使用 AI 辅助了，花费太长时间会显得很没面子。"文案人应当追求的是内容质量而非创作速度。创作耗时并不可耻，无法通过稿件审核才是真正需要反思的问题。

我的另一位"00后"学员问我，"是不是您写大纲，只要半小时"？

我明确指出这是对专业文案工作的重大误解——即便借助 AI 工具，深度思考的重要性永远高于文字输出，且往往需要投入更多时间。就像作家道格拉斯·亚当斯说的："我爱截稿日期。我爱他们飞过时发出的嗖嗖声（I love deadlines. I love the whooshing noise they make as they go by）。"若论及提升创作效率的有效方法，截稿期限无疑是最佳催化剂。

受目前技术限制，AI 生成的内容不够翔实，难以直接使用，同时 AI 生成的长文缺乏个人独特观点，无法体现出创作者的思考和风格，需要专业人士的编辑与润色。

被 AI 淘汰的不是文案人，而是那些不懂驯养 AI 的文案人。AI 不是替代你的敌人，而是你的"超级副驾"。你的价值不在于写得比 AI 快，而在于想得比 AI 深、感受比 AI 真、连接比 AI 暖。

提升文案的影响力和传播力，始终是文案从业者持续探索的核心课题。作者历时六年潜心研究，以创新性视角有机融合品牌营销与传播理论精髓，首创"文案四力模型"。该模型以商业底层逻辑为根基，通过深度整合文案创作与流量营销策略，构建了从理论建构到实战应用、从创意构思到执行落地、从营销策划到传播裂变的完整闭环，真正实现了文案创作的价值升华。

作者凭借对用户需求的精准把握和对消费场景的深刻洞察，六年磨一剑完成了这部兼具理论深度与实践广度的专业著作。这对我国企业品牌营销实践的创新发展具有重要的推动作用。

——刘中露　红星美凯龙集团前副总裁

文案力是对于情绪的集中表达，而以情动人始终是传播制胜的核心法则。

为什么有的文案写了等于白写，有的文案却能让客户3

秒内决定下单？本书拆解了从"吸引注意"到"促成购买"的全流程逻辑，提出了"4步成交法则"，精选了大量真实营销案例，系统呈现了文案的商业价值，并通过深入浅出的方法论解析，帮助读者掌握提升文案创作能力的关键路径。

这本书将为营销从业者提供实用指导，助力其运用专业文案技巧实现更有效的沟通。

——梅力　10年互联网企业营销人

华硕、宏碁、OPPO市场营销前负责人

在商业环境日益复杂的背景下，新媒体营销已成为企业竞争的关键。本书基于作者6年实战经验，整合2万多名学员的反馈与100多个典型案例，系统构建了"文案四力模型"，精准解析了营销文案的底层逻辑与创作方法。

——盛代宏　国内文旅公益论坛"文旅领航者"创始人

盛晟才道人力资源服务有限公司董事长

广东省景区协会副会长

在瞬息万变的商业环境中，品牌营销文案已从单一技巧演变为系统化能力。本书基于作者多年课程实践，经过深度迭代打磨，构建了涵盖理论、方法与实践案例的完整知识体系。无论营销从业者处于哪个发展阶段，都能通过本书实现文案创作能力的系统性提升。

——富叔　富兰克林读书俱乐部创始人

畅销书《屏蔽力》作者

在研读了一方的著作后，我对文案的认知得到了显著深化：优秀的文案本质上承载着流量获取、营销转化和商业价值实现的多重功能。该书不仅系统阐述了文案创作方法论与职业发展路径，更深入剖析了文案与商业运营的内在联系。这部作品既为文案从业者提供了专业指导，同时也值得企业管理者深入研读——在当今商业环境中，卓越的文案力已成为企业运营不可或缺的核心竞争力。

——刘国东　资深投资人

在研读了一方老师的新作后，我对商业文案的底层逻辑有了系统性认知。该书创新性地提出了"文案四力模型"，用复制力快速打造优质文案，用情绪力激发读者的心理共鸣，用传播力让文案自带裂变属性，用变现力直接导向购买动作，为文案从业者构建了从入门到精通的完整成长路径，并深入阐述了文案人 IP 品牌化与商业化的实现方法。

这部著作值得业内人士深入研读，其开创性的理论框架不仅能拓展专业视野，更能帮助读者建立符合自身特点的文案创作方法论。

——阳静　广东乡谷村集团总经理
真功夫集团财务总监

这本书凝聚了作者多年实践与教学经验的精华，系统化地呈现了文案创作的方法论体系。该书既体现了作者严谨的学术态度——通过缜密的理论框架解析文案商业思维，又展现了其专业的教学能力——以循序渐进的方式传授实操技法。
无论你处于文案创作的哪个阶段，都能从这部融合理论深度
与实践指导价值的著作中获得实质性提升。

——毛怡珺　复旦 MBA 应用表演学客座教师
中国戏剧文学学会沉浸式文游创作与运营委员会副主任

在这个"内容为王"的新媒体时代，本书作为一本高实
用价值的营销类图书，尤其适合期待打造有影响力文案的从
业者阅读。

——许华夏　资深商业咨询师
香港中文大学全球传播学硕士
小叶子音乐科技集团原品牌总监

作者首次提出"文案人六级晋升阶梯"，每一阶段都是文
案人的必经之路，为文案人指明了成长方向。文案人不是单
纯的内容编辑，文案是品牌的呈现、营销的执行载体和商业
落地的媒介。

——万小刀　作家、自媒体人

无论是叙事创作还是文案写作，均遵循特定的底层逻辑。
然而，多数创作者往往专注于内容产出，却对成功内核缺乏
认知，在写作道路上难以精进。此时，系统的理论指导与典
型案例解析便成为突破创作瓶颈的关键所在。一方老师的这

本书，从标题拆解、金句创作到朋友圈带货文案，从自媒体品牌打造到 AI 工具提效，让你从"写文案"到"赚收益"一步到位，助力写作者实现创作能力的系统性提升。

　　　　　　　　　　　——王茜　知音真实故事主编

　　很多人对文案有种错误的认知，以为好的文案都是灵光一现，之所以没有好的文案，都是灵感未到的原因。一方的这本书告诉我们，文案首先是一门学问，一个体系，只有对文案进行系统学习的人，才有可能创作出好文案。这本书讲述了文案背后的底层逻辑，内容翔实，富有洞见和创意。我将这本书推荐给所有对文案创作感兴趣的朋友们。

　　　　　　　　——李逾求　《今古传奇·武侠版》主编
　　　　　　　　　　　　　　　开屏影视文化工作室创始人
　　　　　　　　　　　　　　　　　　东宋世界创造者

　　商业文案创作作为写作领域最具商业价值的细分方向，其变现路径最为直接、明确。

　　这本书为创作者提供了高效的变现路径指引。

　　　　　　　　　　——北里昂　袁家班第四代导演
　　　　　　　　　　　　　　　　　　表意流电影人

　　写作这条路没有捷径可走。但是，实用的写作方法可以给文案人带来切实的帮助。在本书中，一方结合自己多年来的实战经验，不仅总结出文案写作的底层逻辑，更详解了文案变现的商业秘密。

——马超　知名作家

北京印刷学院客座教授

一方是一位极具灵性的作家，本书不仅是一本关于文案的著作，更像是一所无壁亦无门的学校。书中既包含了一套完整且系统的写作技巧，又规划了文案人的成长路径，而这两点是大多数文案类图书所难以企及的。无论是初入文案创作领域的新人，还是已积累了一定经验的写手，都能在这本书中精准地定位自己的当前位置，并借此探寻未来的自我发展趋势。这本书确实值得每一位文案从业者收藏。

——严丽君　多家世界 500 强企业的品牌策划人

作为一方老师早期的私教学员，我曾在一方老师的指导下创作出首篇阅读量突破 10 万＋，以及 50 万＋的爆款文章。一方老师的文案功底深厚，营销策略明晰，这本书堪称赋予文案创作者真正"文案力"的优秀之作。

——小鹿　私域营销教练

无论媒体形态如何演变，也无论其以何种方式占领用户注意力与使用时长，只要人类依然依赖文字传递信息，文案的重要性便始终不容忽视。

在当下的社交媒体时代，优质内容往往意味着潜在商业机会，出色的文案更是直接转化为切实的经济收益。然而，许多文案缺乏必要的情感张力与感染力，如同话剧报幕般毫无生机，自然也就难以创造商业价值。

一方是商业文案领域的写作高手。本书毫无保留地分享了她多年的文案写作精髓。我阅读后受益匪浅，相信本书对你也一定大有裨益。

——云飞　资深流量增长专家

六月微笑口腔连锁集团CMO

一方老师身上有一股韧劲，仿佛永远无法被击倒。她持续不懈地努力学习，不断实现自我突破与快速成长。这本书融入了众多商业底层逻辑，以深厚的商业认知为文案创作奠定基础。一方老师的文案，凭借其独特的风格、深刻的内涵及强大的感染力，成为商业文案创作领域中的佼佼者。

——徐大维　知名商业顾问、投资人、财经作家

一方的文字不仅蕴含着商业的智慧与策略，更闪耀着对生活独到而深刻的洞察与感悟。对于文案新人而言，本书犹如一盏明灯，照亮了成长的方向；而对于资深文案人来说，本书更像是一把金钥匙，助力突破创作瓶颈。一方将个人丰富的经验与专业实践融汇结合，经过精心打磨，最终凝练成一套实用体系，能够有效引领你在文案创作与商业价值认知上实现双重提升。

——曾智敏　解密金融销售工作室创始人

20多家银行总行金牌销售教练

在职场与创业路上,个人的影响力及成就与文案能力息息相关。文案作为一种近乎零成本的超级杠杆,是人人皆可掌握的影响力工具。我尚未发现有比文案更能影响他人的方法。然而,遗憾的是,我们的成长过程中普遍缺乏系统的文案训练。一方老师的这本书,能使读者在轻松阅读中全面了解文案的影响力与应用方法。我强烈推荐此书!

——兔妈　亿级企业文案顾问、千万级爆款文案操盘手
《爆款文案卖货指南》《短文案卖货》《可复制的文案变现法》作者

读完这本书,我深刻认识到文案创作既是艺术也是科学。本书明确指出,文案的核心在于传递价值、引发情感共鸣,并促使行动的产生。本书将带你走进文案创作的精彩世界,赋予你用文字征服人心的力量,无疑是开启创意与释放影响力的一把钥匙。

——叶忠秋　温州市龙湾中学副校长
中学语文高级教师

把握住了流量,也就打开了营销的大门,而文案正是这扇门的钥匙。一方老师的这本书从多个维度,详细梳理了文案人和文案写作的方方面面,系统阐述了她对文案的精妙理解和妥帖把握,不仅对文案初学者有开门见山的效用,对专业文案人的业务提升也大有裨益。

——王世东　作家、观止读书会发起人

本书不仅是一本教程，更是一张藏宝图，将引领你探索字里行间蕴藏的无限可能。无论你是初入行的新人，还是经验丰富的从业者，本书都将成为你文案创作道路上不可或缺的指南，助你深入了解商业传播的规律。

——李静儿　真功夫餐饮管理有限公司组织与人才发展部高管
杨协成（广州）食品饮料有限公司人力资源"一号位"

本书深入探讨了如何通过文案创作实现收入增长，内容从基础写作到商业变现策略，以系统全面、清晰易懂的方式呈现，尤其适合文案行业的新人入门。对于希望在工作之余通过文案写作开拓副业的资深从业者而言，本书将成为你的"变现指南"！

——黄小舞　知识付费资深导师
11 年新媒体 IP 内容创作人

文案的本质在于沟通。掌握文案写作的核心技巧，就意味着掌握了商业传播的关键密码。

在这个信息爆炸的时代，每个人都应当学会运用文案为自己发声、为产品代言、为信仰表达。本书将系统性地传授文案创作的精髓，帮助你全面提升文案写作能力。

——胃窦 Elaine　畅销书《30 岁之前活成你想要的样子：
刻意成长行动指南》作家、知乎博主

这本书系统梳理了文案人的专业成长路径，帮助文案人突破创作瓶颈，实现职业能力的阶梯式提升，是文案爱好者与从业者不可或缺的专业指南。

——涂元柱　文化工作者

中国经济的蓬勃发展必将推动本土品牌崛起，而优秀品牌的成长离不开优质文案的支撑。本书汇聚了两万余名文案从业者的实战经验，深入探讨了中国新兴品牌的发展路径。或许，下一个具有全球影响力的品牌，就将从这里启航。

——沈佳敏　浙江卓旺农业科技有限公司总经理
浙江沈锦记食品有限公司总经理

每当提及"人生不设限"这一理念，我总会想起一方。2019年，在某写作社群初次收到她的投稿时，她还是一位对销售文案逻辑尚未完全掌握、虽有框架却不知如何充实内容的新手作者。

当时我只注意到她谦逊好学的态度和高效的执行力，认为她具备成为优秀文案人的潜质。令人意外的是，短短数月后，她便迅速成长为写作导师。这一蜕变不仅需要写作能力的快速提升，更离不开勇于突破的胆识与魄力。

六年来，我见证了一方在专业能力、职业发展等多个维度的持续成长。她实现突破的方式令人惊叹，而答案或许就藏在这本书的字里行间。

——97　荔枝微课前内容主编
知识付费资深内容主编
Top 级千万粉丝账号主理人

本书提出的"文案四力模型"——复制力、情绪力、传播力与变现力，为文案人提供了系统化的能力提升路径。在商业传播快速迭代的当下，新媒体文案正在重塑各行各业的发展模式。建议每位文案人深入研读本书，把握时代机遇，实现专业突破。

——赵云霞　广东济雪堂健康管理有限公司合伙人
华南理工大学 MBA、MPA 校外导师
教练式高尔夫管理培训认证讲师
国家二级心理咨询师

文案创作之道，贵在传神。好文案不在于辞藻的华丽，而在于能触动人心，产生深远影响。一方的这本书教你如何用最简洁的语言，创作出最具感染力的内容，即学即用，值得推荐。

——颜庆卫　颜真卿 36 代传人
清华大学博士生学术论坛的书法主讲教师

本书的每一页都蕴含着"如何让人心动并行动"的答案。它清晰地揭示了：文案不是推销，而是共情；不是强压，而是引导；不仅依靠灵感，更依靠完整的体系。

——Liam　小红书文旅博主

后记

　　我是一方，感谢你认真阅读了本书，感谢董坤老师、唐永明老师、阳静老师在本书创作过程中给予的专业指导，以及对我开展企业品牌营销咨询工作的悉心指教。感谢颜庆卫老师为本书题字。感谢刘梦圆女士在本书理论框架梳理方面的重要帮助。特别感谢我的爷爷涂招柳，以及涂圣勇、涂智杰、涂小飞等家人，在本书从构思到反复修改完善的三年间，是你们持续不断的鼓励与支持，让我得以完成这部作品。

　　感谢一直支持与信任我的甲方客户；感谢在文案创作道路上给予我专业指导，并为我提供发展平台的各位导师——大栗、97、一三、良叔、万小刀老师及S叔；感谢所有与我共同成长进步的学员，特别要感谢三分明月落、茵茵、小鹿、扎西萌、丽君、天空、瑶瑶、小高、大南瓜、麦萌萌萌、洁谊、幻、冉冉、孙同学和杨同学等学员。多年来，我们相互陪伴，共同见证着彼此的成长与蜕变。

特别致谢学员小兜，在我低落迷茫的时候，她的一通电话给予我莫大鼓舞："一方老师，在结识您之前我曾多方求教，但遇见您之后，我知道我找到了方向。"这份真挚的信任让我重拾信心，继续坚定前行。过去六年间，我与众多学员相互促进、共同成长。从某种意义上说，这本书不仅是我个人的创作成果，更是我们集体智慧的结晶，是这段成长历程的最佳见证。

在最后，我想和你聊一些心里话——关于对文案的坚持、对财富的追求，以及对文字的热爱。

一、对文案的坚持

我常常思考，文案的真正目的是什么？许多人认为，文案的作用在于促进销售、推广产品，或是进行品牌宣传。这些说法固然没错，但我认为，文案的意义不止于此——它更应让真正好的产品被看见。

我们必须承认，"酒香不怕巷子深"的时代早已过去。如今，几乎所有行业都面临激烈竞争。然而，许多优质品牌因过于专注产品本身，不擅长甚至不愿进行品牌推广，这既是当前众多企业的现状，也是普遍存在的认知误区。事实上，越是优质的产品，越需要借助文案的力量，让更多目标客户看见，从而赢得更大的市场份额。

二、对财富的追求

我很喜欢查理·芒格的这段话：走到人生的某一个阶段，我决定要成为富有之人。不是因为爱钱，而是为了追求那种独立自主的感觉。我喜欢能够自由地说出自己的想法，而不是受到他人意志的左右。

我始终认为，心理学是一切学科的基础，经济学则是所有学科的终极归宿。当一个人阅历足够丰富，读过足够多的书，经历过不凡的人生历程时，便会发现，追求财富本身就是一种成长，它能引领我们超越财富本身，抵达更广阔的自由境界。

成功的道路从不拥挤，因为真正坚持的人寥寥无几。写作的最佳准备就是立即开始写作。我发现许多人总在准备阶段徘徊，但绝大多数人永远等不到"准备充分"的那一天。事实上，只要开始行动，你就已经超越了 80% 的人。关于坚持，关键不在于坚持本身，而在于找到正确的导师和有效的方法——唯有如此，坚持才具有真正的意义。

三、对文字的热爱

15 岁那年，我怀揣着成为作家和职场精英的梦想。20 岁时，在一堂职业规划课上，我郑重写下："40 岁前出版个人专著。"当时，无论是授课老师、同窗学友，还是我自己，都难以相信这个目标能够实现。当文档格式从新媒体文案的顶格排版，切换为书稿规范的首行缩进两字符时，那一刻的感动，是将梦想化为现实的真切体验。

在我创作生涯最艰难的阶段，万小刀老师对我说："真正有才华的人，不应为生计所困。"这句话我始终铭记于心，并不断践行与传承。如今，我的学员已陆续实现出版签约，其中最年轻的"00后"学员更是获得了出版社编辑的创作邀约……我的梦想正在激励更多人追逐他们的梦想，让更多人体会到理想照进现实的可能。这正是我"一路追光，一路成为光"最珍贵的意义。

过往的成就，将成为新征程的基石。我将继续深化专业研究，致力于培养更多优秀的文案人才，助力中国企业品牌建设，并筹备出版我的第二部自媒体领域专著。

承蒙持续关注，愿与你共同见证彼此的成长蜕变。

江湖路远，后会有期！

涂一方
写于 2025 年 8 月